頑張らない 80歳からのおひとりさまごはん

村上祥子

幻冬舎

はじめに　ちゃんと食べる、好きなことをする

スタジオの電話が鳴ります。受話器を取ると、料理教室の問い合わせです。「はい、そうです。そのムラカミです」「エッ、本当ですか⁉　てっきり東京にお住まいだと思っていました。ラッキー！」。そうお考えになるのは、無理もありません。月刊誌や新聞などのレギュラーは月に8本、２０２３年は単行本やムックを7冊出版し、テレビのＮＨＫにも出演。いずれも東京が本社の仕事です。

私、村上祥子、82歳（２０２４年2月現在）。２０１４年、夫の啓助が旅立ち、おひとりさまです。二男一女ありますが、別々に暮らしています。

生まれたときから人生は始まります。経験を重ね、次の扉を開け、その次の扉を開けているうちに、人生の目的が見えてきます。27歳のとき、東京・中野坂上のアパートで、日本人男性と結婚したアメリカ人のほか、ドイツ人とオーストラリア人を含む計12人で「アンさんの料理教室」をスタートさせ、料理家としての一歩を踏み出しました。ほどなく、夫が大分に転勤となります。

１９７２年、30歳のとき、夫は大分から東京本社に転勤。引っ越しの荷造りをしているところに、あるコンテストの最終審査の知らせが入ります。引っ越しの荷ほどきを終え、コンテスト会場に駆けつけます。「カリフォルニア・アーモンド・クッキングコンテスト」で優勝したのです。コンクールの告知をした月刊誌『ミセス』の編集者と一緒に、ご褒美《ほうび》のカリフォルニア旅行へ。そのご縁で、『ミセス』で雑誌デビュー。私は、子どものいる料理上手な主婦という立ち位置です。きっかけができ、次々と月刊誌の仕事が増えました。

結婚したとき、地の果てまでも夫についていくと決めていました。私立中学校に通っていた息子の反対に合いますが、１９８０年、38歳で北九州市に転居します。ようやく、私に時間ができました。

メディアで培った食を俯瞰《ふかん》して、食品コード作りをテーマに、公立大学法人福岡女子大学早渕研究室で研究に励みます。ほどなく、非常勤講師に採用され、調理学、調理科学、病態栄養指導などの講座を担当しました。東京時代に芽生えた「家庭のごはんが一番大事！」「食べ力®こそが大切！」を、みなさんに伝えたいと思いました。しかし、福岡のなかだけで、なかなか全国に拡がっていきません。双方の親の世話が終わったら、子ども３人が家を離れたら、そのときは！　そして、そのときが１９９５年に到来。はじめは、東京・三田のマンションからスタート。「ムラカミさんが戻ってきたのなら」と、続々と仕事をいただきます。けれど、仕事の速いムラカミに依頼されるのは「早・うま・カンタン」のチョイ料理の域を出ず……。

　引っ込んでいた20年間、勉強してきた成果の膨大な資料も上京させなければと、その資料を収納できる高さ２３０㎝の本棚20台を並べられる物件を探しました。そして、４階建ての１軒家の１階スペースを西麻布に見つけ、スタジオに改装したのです。再スタートし、活字メディアの仕事をこなします。福岡から最終便で飛び、東京で撮影やテレビ出演をこなし、最終便で福岡へ……という生活を20年間続けました。

　２０２４年1月現在、単行本は５７４冊、出版部数は１２６４万部。コツコツ仕事を続けて、こんな数になりました。

私自身、年を取るたびに「食べ力®」の大切さを痛感しています。朝昼夕の食事で、毎食たんぱく質30ｇを摂ることを心がけています。実は、２０２３年８月14日、スタジオで、すってんころりんと転んで、大腿骨を骨折しました。救急車で運ばれ、即、手術。翌日からステッキで歩き、10日で退院。その翌日には大阪・堺市教育委員会の依頼で「早寝、早起き、朝ごはん」の動画撮影、その週末の土曜日には大分県竹田市で講演会、翌日曜日は神戸と京都のＮＨＫ文化センターで講義。以来、メニュー開発をしているメーカーの見本市、出版社の撮影、徳島県立男女共同参画総合支援センターで講演など、骨折明けにもかかわらず、連日びっちり仕事をしています。

私は細いけれど、たんぱく質摂取のおかげで超元気！　元気がいいと機嫌もいいです。私の定番の朝食のたんぱく質を計算すると、31ｇ以上を摂っていることがわかりました。そうそう、忘れていました。たんぱく質のほかにカルシウム、マグネシウム、ビタミンD_3も必要量を摂るように心がけています。これからも好きなことをして過ごしていきたいと思います。よろしくお願いいたします。

scene

朝の目覚め

ティースプーン１杯の
「にん玉ジャム®」が
元気の秘訣！

マグカップは、
その日の気分で
変えています

朝ごはんの前に
寝起きの
ミルクティーを飲みます

※本文32ページで紹介しています。

scene

朝ごはん

ごはん、温泉卵、
納豆、みそ汁の
ワンパターンな朝食です

コーヒーカップの上に
ラップではなく
ソーサーをのせて、
温泉卵を作ります

朝ごはん食欲起爆剤の
辣醤油（右）と
ペスト・ジェノベーゼ（左）

朝ごはんはワンパターンですが、いろいろ工夫をしています

※本文33〜38ページで紹介しています。

scene

昼ごはん

ローストビーフは冷蔵すると、
作りおきメニューにもなります

ローストビーフを挟んだパンで昼ごはんです

※本文137〜139ページで紹介しています。

scene

間食

バターかまぼこは、
のりや大葉を添えると
さらにおいしさがアップ！

間食は、忙しい仕事の合間に取ることも多いです

 ※本文99～100ページで紹介しています。

scene

晩ごはん

市販のおでんにほうれん草を加えるだけで、
色鮮やかになります

晩ごはんが、
一日でいちばん簡単にできる
メニューになることも

※本文130ページで紹介しています。

「健康になる間食のすすめ」に登場するメニュー

ケチャップと豆板醤で

「韓国風フライドチキン」

※本文100～101ページ参照

青魚パワー

「塩サバマリネ」

※本文90～91ページ参照

チーズのニオイが
食欲をそそる
「チーズせんべい」
※本文88～89ページ参照

最速！
2分で完成する
「卵サンド」
※本文94～96ページ参照

福岡名物
めんたいこが主役の
「湯霜めんたい」
※本文86～88ページ参照

おひとりさま
シンプルキッチン

きちんと整理された
冷蔵庫の上に、
電子レンジがのっています

冷凍庫には野菜冷凍パックや
ごはん、ねぎなどがぎっしり

冷蔵庫には目薬や
ワインオープナーまで……
これでどこにしまったのか
捜すこともありません

茶わんやマグカップ、
大皿なども
見せるディスプレイ
収納です

シンクの上も
すっきりと、
シンプル
キッチンが
心地よい空間です

調理器具や
調味料なども、
必要なものだけを
究極に
選択しています

小さな丸テーブルと椅子が2脚のみ、
こちらもシンプルです

孫が描いた
絵入りの作文は、
カラフルで
とっても上手に
できています

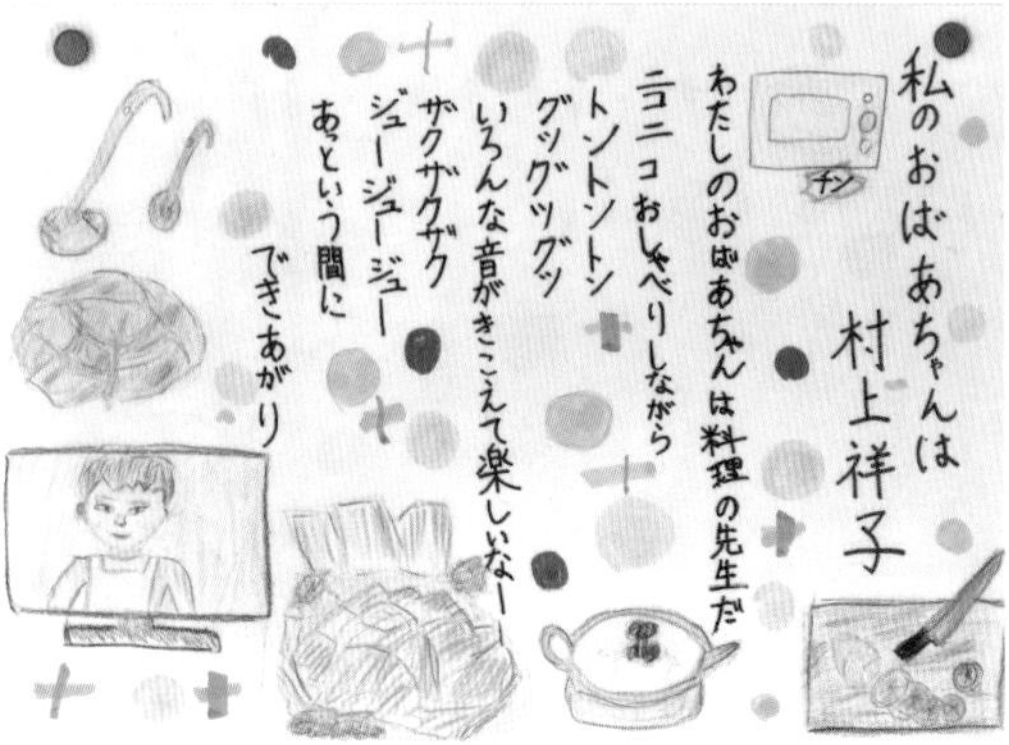

村上祥子という人がわかる

大きなカバンを抱えて、
空飛ぶ料理研究家・村上祥子
そっくりな人形を
飾っています

目次

第11章

※計量単位は、カップ1＝200㎖、大さじ1＝15㎖、小さじ1＝5㎖です。

※電子レンジは機種によって、仕上がりに差が出る場合があります。レシピの時間は目安として、様子を見ながら加減してください。

第1章

一日のスタートは朝ごはんから

炭水化物は元気の元

「朝は食欲がないから、と朝食を抜いていた母があわや、というところで緊急搬送されました。大事に至らず、ほっとしました。先生に教えていただいた『体は24時間操業の工場のようなもの』という言葉が身に染みました」と、料理教室の生徒さんからメールが届きました。

そうです。一日24時間を３で割って８時間。75歳以上の女性で、朝昼晩の食事のたびにブドウ糖（55ｇ）の元となる炭水化物、ごはんでいえば１５０ｇを摂取できていれば、元気に動くことができます。

取り立ててお目にかけるような食事ではありませんが、私は一日３回、食事でごはんやパン、麺など、炭水化物は必ず食べます。食べないと力が出ません。

発芽玄米と白米を２合と１合の割合で混ぜて炊飯器で炊きます。炊き上がりのごはん９４５ｇ。１５０ｇずつレンジにかけられるふた付き容器につめ、熱いうちにふたをして蒸気を閉じ込め、冷まします。６パック詰め、残り45ｇのごはんはその場で私のお腹の中に。容器のごはんは、冷めたら冷凍庫へ。

食事のたびに、ふたを少しずらして、電子レンジ６００Ｗで３分加熱。再加熱した玄米ごはんは炊き立てよりはるかにおいしい。これでギャバ(※注1)も獲得できます。

玄米ごはん１５０ｇは２２８キロ《カロリー》。それに相当する炭水化物食品を下の表に挙げてみます。

※注1　Gamma-Amino Butyric Acid（γ-アミノ酪酸）の略で、GABAのこと。人間の脳内にも存在し、緊張やストレスなどをやわらげて、脳の興奮を鎮めたり、睡眠の質を高めたり、血圧を下げる機能もあることが報告されている。

表 炭水化物食品

発芽玄米ごはん	150g	241kcal
白米ごはん	150g	234kcal
コンビニおにぎり	1個と½個（150g）	234kcal
食パン	1枚と½枚（90g）	223kcal
バゲット	80g	231kcal
ロールパン	3個（75g）	231kcal
蒸し中華麺	120g	194kcal
ゆでうどん	240g	228kcal
ゆでそば	190g	247kcal
ゆでスパゲティ	150g	225kcal

早寝・早起き・朝ごはん

自治医科大学名誉教授で前・女子栄養大学副学長、同大学教授の香川靖雄氏の「分子生物学」によると「地球には昼と夜があって、一日の変化が生まれている。それに合わせて人間も食事を摂ると、効率よく体を動かすことができる」という考え方があります。

ムラカミが毎日元気に動いている現在は、この理論によって成り立っています。

実家では不眠症と称し、お酒がまったく飲めない父親を中心に生活していました。夜中になると「お茶でもしない？」と声をかけ、母や妹も一緒になってお菓子を食べながらおしゃべりに興じていました。朝はなかなか起きられず、朝食抜きで駅に走ります。エネルギー不足ですから気分も悪くなります。大学に入ると国鉄（今のＪＲ）で通学。下車する駅に着いても、満員の人がきをかきわけて降りることができません。終点の博多駅まで行って下車し、実家のある駅に戻ります。心配した両親が、学校の傍にある自治寮に申し込みをしたほどです。

結婚した相手は朝日と共に起きて朝ごはんを食べ、会社に出勤。朝食の支度がままならぬかみさん（私）に業を煮やし、あの手この手の手段に出ます。かくして、ごはんを作れば私も食べる、ということで、嘘のように元気な今のムラカミに変身しました。

文部科学省のスローガン「早寝、早起き、朝ごはん」実践のため、夏休みは電子レンジ５台と耐熱ボウル、５班分に小分けした食材を冷蔵庫から出して保冷バッグに詰め、スタッフの城戸さんの運転で小学校まで出向きます。

電子レンジでごはんを炊いて、その間に各班４人のメンバーが野菜を刻んで鍋でみそ汁を作る。ごはんが炊けたら、各自１人分ずつ煮豚を作る。耐熱樹脂容器にしょうゆ、砂糖、水（本来は酒ですが小学生なので）を合わせ、豚薄切り肉50ｇを絡めてふたをのせ、電子レンジ６００Ｗで１分加熱。

ごはん、煮豚、野菜たっぷりのみそ汁、完成です！

朝ごはんの前に寝起きのミルクティー

朝起きたら、マグカップの８分目まで水を注ぎ、紅茶のティーバッグ１個をポン！　ラップはかけずに電子レンジ６００Ｗで２分加熱。マグカップの持ち手を持って取り出し、ティーバッグを捨て、冷蔵庫から出した牛乳をマグカップの８分目まで注ぎ、飲みごろの温度にします。

どれくらいの分量かを計ってみたら、ちょうど１００㎖でした。砂糖をティースプーンこんもり１杯、ビタミンD_3、たんぱく質、カルシウム補給のために、大人のための粉ミルクをティースプーンこんもり２杯（アマニオイル効果／１袋〈４・４g〉）を加えて混ぜ、飲み干します。

これで、ようやく目が覚めます。

３階の自室を出て１階まで下り、出勤してくるスタッフのため、駐車場の門を開け、出入り用の小門も開け、新聞を取ります。夜半に収集用に出したゴミ箱

（ポリペール）２個と、犬やカラスが漁らないようにのせていた重石もしまいます。福岡市では、ゴミは夜間収集なのです。

新聞に目を通しながら３階まで戻る。これが私の朝の儀式です。

これくらいうろうろしていると、やっと「さあ！　朝ごはんを食べよう」モードが生まれ、食卓につきます。

朝ごはんは手早くワンパターン

ごはん

冷凍庫から発芽玄米と白米ミックスごはん１パック（１５０ｇ）を取り出し、パックのふたをずらして（加熱途中、たまった蒸気でふたがポンとはじけるのを防ぐため。音にびっくりしないのなら不要）、電子レンジ６００Ｗで３分加熱。茶わんに移します。

温泉卵

無地のコーヒーカップに水大さじ3を入れ、冷蔵庫から卵1個を取り出し、割り入れます。電子レンジ庫内の中央にコーヒーカップを置き、ソーサーをのせます（ラップより簡単に、卵の加熱具合を確かめられるため）。卵の破裂は過去に何度も経験しているので、後始末のことを考えた転ばぬ先の杖です。電子レンジ600Wで50秒加熱。卵のサイズや水の計量など、人間の手作業には不確かなこともたくさんありますが、この方法ならほとんど失敗しません。取り出して湯から卵だけスプーンですくい上げて別皿に移し、しょうゆをたらします。羽田空港には、〝たまごかけごはん食堂〟に行列ができています。けれど、私は生卵の白身のズルリとした食感が苦手なので、もっぱら温玉かけごはん。個人的理由です。

納豆

冷蔵庫から納豆を取り出し、小鉢に移して添付のタレ（タレがない場合は、しょうゆを少々）をかけます。冷凍庫にストックしている刻み小ねぎを箸でカシャッとほぐしてパラリと。アマニ油小さじ1をかけます。

みそ汁

冷凍庫から「凍ったまますぐ使える野菜１００ｇの冷凍パック」１個を取り出し、封を開け、無地のカフェオレボウル（電子レンジにかけられるおわんを持っていないため）に移し、電子レンジ６００Ｗで３分加熱。ボウルを取り出し、チンした野菜に水１２０㎖を加え、ラップはかけないで電子レンジ６００Ｗで２分加熱。取り出して液みそ小さじ2を加えて混ぜる。「えーっ！　料理の先生なのに液みそー!?」。そんなこと言わない、言わない！　１日の必要量のおよそ⅓の野菜１００ｇがゲットできました。液みそをお湯で割っただけでは、野菜はとれません。そして何より、野菜のうま味が溶け込んだできたてみそ汁、おいしいよー！

温玉かけごはんと納豆、野菜入りみそ汁でワンパターン朝食のご報告でした。

とっておきの朝ごはん食欲起爆剤

「朝食はワンパターン」と大上段に振りかぶったのはいいのですが、食べる人は80歳を超えた人、食欲旺盛とは言えません。食べ手も同じなら、朝食もワンパターン。ごはんとみそ汁は飽きませんが、卵、納豆、卵はまた同じ！　に陥りがちです。

市販のワサビ、ニンニク、しょうが、練り辛子、ゆずごしょう、タバスコなど取り揃えていても、段々飽きてくることは必定。そこで、自分で簡単にできる「食欲起爆剤」はいかが？

辣醬油《ラアジャンユイ》

生唐辛子とニンニクと実山椒を合わせ、辛味が効いたパンチのある醬油を作って瓶に小分けします。朝食の納豆や温泉卵に少量のせるだけで、味の世界観が変わります。豆腐やおひたしに足してもＯＫ。

【材料＝出来上がり２５０ｇ分】

生唐辛子（赤と緑）１００ｇ／ニンニク50ｇ／粒山椒大さじ１／Ⓐ〈みりん大さじ2、紹興酒または酒大さじ2、薄口しょうゆ50㎖〉

【作り方】

❶生唐辛子はへたを除き、幅１㎜の輪切りにする。ニンニクは皮をむいて２つに割り、芯を除き、幅１㎜の小口切りにする。

❷瓶に❶と粒山椒を詰め、Ⓐを合わせて注ぎ、ふたをして軽く振って混ぜる。

❸当日から使えるが、時間が経つほどおいしくなる。煮沸消毒して、完全に乾いている瓶であれば、冷蔵で1年以上の保存が可能。

ペスト・ジェノベーゼ

バジル、ニンニク、松の実とパルメザンチーズをオリーブ油でまとめたイタリア本国流が原点。ムラカミ流はいつしか青じそも加わり、松の実は使わずにアンチョビー、ケイパーを使用しています。

【材料＝出来上がり４００ｇ分】

バジルの葉60ｇ／青じそ40ｇ／ケイパー75ｇ／アンチョビー３枚／ニンニク１かけ／パルメザンチーズ（粉）80ｇ／ＥＸＶオリーブ油２００㎖

【作り方】

❶小鍋に熱湯を沸かす。氷を加えた水のボウルを用意する。

❷バジルの葉を熱湯に入れ、すぐにすくい上げ、冷水に取る。青じそも同様にする。

❸❷を絞って粗く刻み、２枚刃をセットしたフードプロセッサーにかけてみじん切りにする。

❹ミキサーにオリーブ油を入れ、ケイパー、ニンニク、アンチョビー、チーズを加えて回す。

❺❹に❸を¼量ずつ加え、そのつど滑らかになるまで回す。瓶に移し、ふたをする。冷蔵で１カ月、冷凍で２カ月の保存が可能。

凍ったまますぐ使える野菜冷凍パック

ひとり暮らしになって困ったこと。おいしいものを一緒に食べて「おいしいね！」と喜びあえる相棒がいなくなったことです。コロナ禍で、自宅で食事をとる日々。

そこで、ひとり暮らしの健康な食事を考えました。

自動車はガソリン燃料で走り、排気ガスを出します。今、その対策も進んでいますが、人間もエネルギーを使うたびに活性酸素を作り出します。活性酸素が体内に溜まると、遺伝子を傷つけて発がんの引き金になったり、糖尿病、高脂血症、脳卒中、心筋梗塞などの生活習慣病を引き起こしたりする原因になります。

それを防ぐために欠かせないのが、野菜の健康パワー「ファイトケミカル」です。１日に必要な野菜の量は一人あたり（成人男女、高齢者も含む）約３５０ｇが理想とされています。３で割って１１７ｇは面倒なので、１回の食事で野菜

１００ｇを摂ると決めました。淡色野菜と緑黄色野菜の摂取の割合は2対1といわれますが、いちいち考えていたら時間がかかり、億劫です。料理で半端に残った野菜は一口大に切ってジッパー袋に詰めて冷凍。私が料理の先生といっても、そのつど野菜をちまちま切るのは面倒です。とにかく切って１００ｇずつ入れていく。それだけで、今晩は野菜料理はやめておこうと思わずにすみます。「テレビで放送されます」と伝えた東京の編集者に、京都のお母さんから電話がありました。「あの〝お野菜ぶくろ〟、ほんまにええもん、見せてもろうたわ！」

野菜冷凍パックでおみそ汁づくり

なすとじゃがいものみそ汁

【材料と作り方】

❶凍ったまますぐ使える〝なすとじゃがいもの冷凍パック〟を、おわん代わりに使用のカフェオレボウルに移す。
❷電子レンジ６００Ｗで３分加熱する。
❸水１２０㎖を注ぐ。
❹液みそ小さじ２を加える。
❺電子レンジ６００Ｗで２分加熱する。

カラフル和洋野菜のみそ汁

【材料と作り方】

❶〝たけのこ、セロリの茎と葉、大根、にんじん、さやいんげん、れんこん、橙色のパプリカ（2㎝角色紙切り）の冷凍パック〟をカフェオレボウルに移す。

❷電子レンジ６００Ｗで３分加熱する。

❸水１２０㎖を注ぎ、電子レンジ６００Ｗで２分加熱する。

❹液みそ小さじ2を加えて混ぜる。ここでは、液みそ小さじ2を最後に入れました。煮立ったみその香りが好きな方は、前ページのように先に入れてください。

ブロッコリー ＋ αの野菜 ＋ サバ缶のみそ汁

【材料と作り方】

❶〝ブロッコリー、さやいんげん、玉ねぎ、たけのこ水煮、にんじんの冷凍パック〟をカフェオレボウルに移す。

❷電子レンジ６００Ｗで３分加熱する。

❸水120㎖を注ぎ、液みそ小さじ2を加える。
❹電子レンジ600Wで2分加熱する。
❺サバ水煮缶30gと冷凍の小ねぎ少々を加える。

根菜 ＋ サバ缶のみそ汁

【材料と作り方】

❶〝にんじん、れんこん、ごぼう、里芋の冷凍パック〟をカフェオレボウルに移す。
❷電子レンジ600Wで3分加熱する。
❸水120㎖を注ぐ。
❹電子レンジ600Wで2分加熱する。
❺液みそ小さじ2、サバ水煮缶30g、冷凍の小ねぎ少々を加える。みその香りがおいしさを引き立てます。

COLUMN 1

三食コツコツ食べる
食べるが早道、安上がり！

人間は故障したからといって、新品に買い換えることはできません。

先日、白内障の手術をしました。コロナ禍でしたので、手術の１週間前にコロナのPCR検査を受け、パスしました。手術当日の朝、親族の付き添いはなしで、一人で入院しました。粛々と手当が行われ、午後イチで手術です。一晩泊まって翌朝に退院し、その後は地域医療に任されます。紹介状持参で、自宅近くの開業医で検査を受けます。次々と検査の予約が入ります。

人間の修繕作業は忙しい、身をもってわかりました。そして、ふと考えました。病院にかかるには時間もお金も必要です。電化製品のように、預けて帰ることはできません。

三食をきちんと食べることは、さほど費用はかかりません。自分で毎日できることです。とすると、目、耳、歯の３種の神器を修繕しながら、毎日三食コツコツ食べる。食べるが早道、安上がり！　なのです。

第2章

野菜は健康のバロメーター

野菜不足かな？　と思ったらコンビニへ

「ここはいつも野菜がたくさんあっていいなぁ……」と、久しぶりに帰省した息子の言葉です。いえいえ、それはスタジオの冷蔵庫のこと。私の生活では、そんなことはありません。とはいえ、「野菜不足が心配」と、ひとり暮らしの人からよく聞きます。

前章で「凍ったまますぐ使える野菜１００ｇの冷凍パック」を紹介しました。野菜不足の解消には、こんな方法も。それは、コンビニの活用です。コンビニの総菜は多くのものが、１人分パック。切り干しやひじき煮、おひたしなど、１パックに50ｇが入っています。加熱済み食材50ｇ＝生食材70ｇです。

厚生労働省＆農林水産省作成の「食事バランスガイド　あなたの食事は大丈夫？」（左頁）を見てください。上から二番目のグループが副菜です。このグループは「調理済みのもの一皿50ｇを一日5〜6皿食べる」を目安にしています。

図 食事バランスガイド
あなたの食事は大丈夫？

作成：厚生労働省＆農林水産省
村上祥子監修

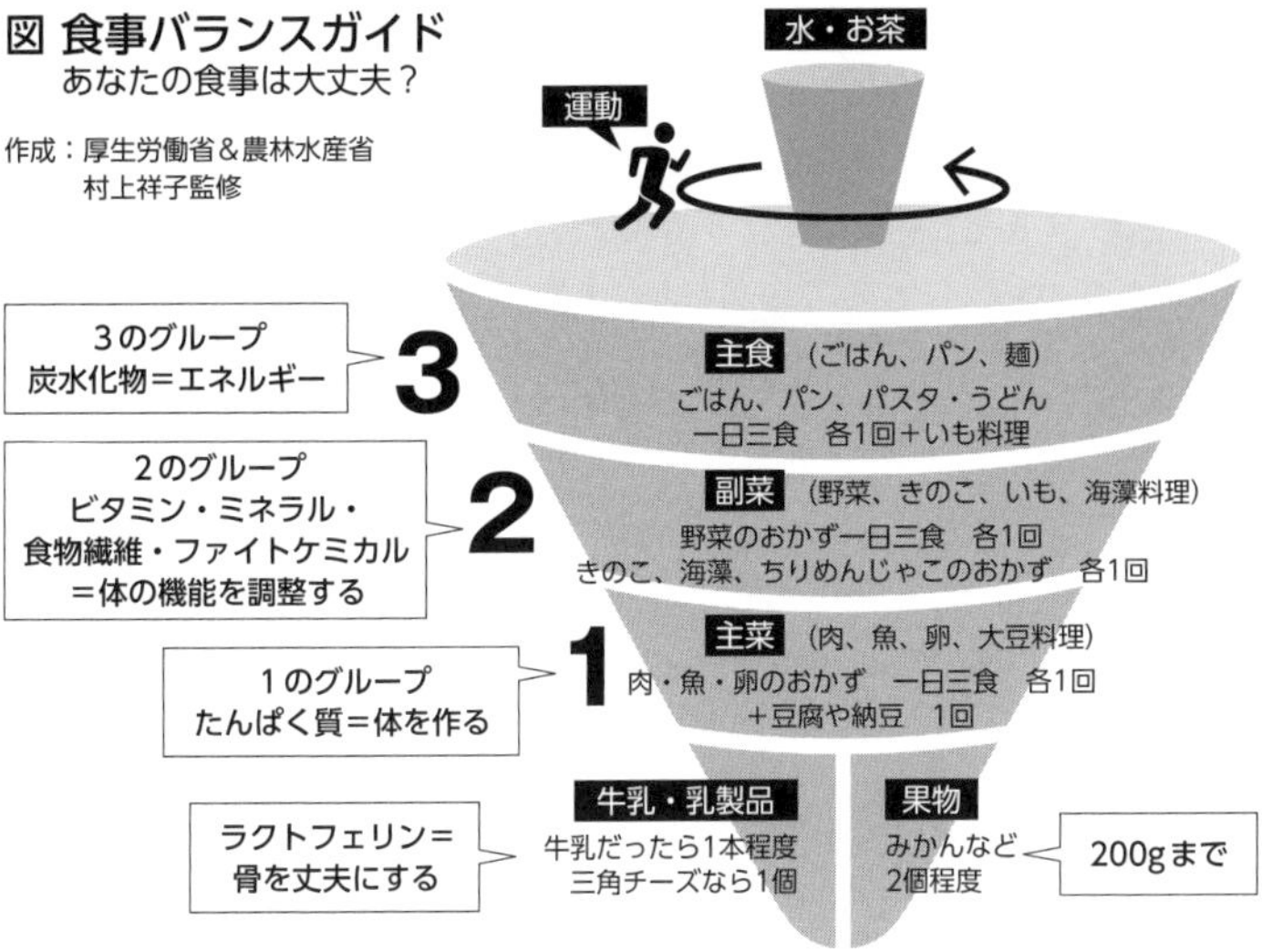

これを使わない手はありません。

外出のついでにコンビニに寄って副菜料理５パックをゲットし、帰宅します。コンビニ総菜は味が濃いので、①ふたを取って大さじ２の水をかける。②ラップをして電子レンジ６００Ｗで２分加熱する。③器を傾けて汁を捨てる。④器に盛り替える。または、そのまま食卓に並べる。

私の計算では、調味料が半分に減ります。おいしすぎる味がぐんと軽く食べやすくなり、これで一日３５０ｇの野菜が摂れます。

飽きのこないヘルシーな野菜炒めで野菜不足解消

「野菜不足かな？　と思ったら何を作る？」と、スタッフに尋ねました。「野菜炒め！」と、いっせいに答えが返ってきました。が「油の取りすぎが心配」とも……。そこで、毎日食べても飽きのこない、ヘルシーな野菜炒めを紹介します。

【材料2～3人分】
野菜300g（キャベツ200g、にんじん50g、ピーマン50g）／ニンニク1かけ（みじん切り）／オリーブ油大さじ2（ほかの油でもOK）／刻み赤唐辛子小さじ¼（または赤唐辛子の輪切り4～5個）／塩小さじ⅕／こしょう少々

【作り方】
❶キャベツは4～5cm角に切る。にんじんは皮をむいて、幅3cmの斜め切りにする。その後、切り口をピタッとまな板にのせて、繊維に沿って幅3mmのひし形に切る。これは、中華料理のにんじんの切り方です。火が通りやすく、しかも

煮崩れしません。火を通した後も歯応えが残ります。ピーマンは細切りに。

❷耐熱ボウルに❶を入れ、ふんわりとラップをする。電子レンジ６００Ｗで３分（通常加熱6分の½）加熱する。

❸レンジに野菜を入れたら、コンロにフライパンをのせ、オリーブ油とニンニクを入れ、弱火で点火。ニンニクがうっすらきつね色になりかけたら赤唐辛子を加える。

❹レンジ加熱が終了したら、耐熱ボウルを取り出し、ボウルを傾けて中の水分を流す。そして❸に加える。

❺強火にし、シャカシャカと炒める。手のひらに塩小さじ1をのせ、半分にする。3gになりました。これでも塩は多いです。あと3分の2を減らして1gにし、フライパンに加え、さっと混ぜて火を止める。

❻器に盛り、こしょうを振る。こしょうは最後に振る！　で、香りが立ちます。

「野菜炒め」を所望なさった生徒さんがいらして、教室のテキストに加えました。

教室から帰って夕食に作ったところ、ご主人が翌日も、その翌日も「毎日、夕飯に出して！」と言われるほど、好評だったそうです。翌月、教室に見えたとき、野菜炒めの作り方だけでなく、にんじんの切り方も友だちに、そのまた友だちに……と、会う人ごとに話したのだそうです。

おいしいもの！　楽しいこと！　野菜炒めひとつで団欒の輪が広がります。野菜は小松菜やターサイ、空心菜、チンゲンサイ、もやしなどに替えてもＯＫです。

サラダのドレッシングはこれで決まり！

「グリーンサラダにかける、おいしいビネグレットソースの割合は？」と、教室の生徒さんからリクエストがありました。

【材料２〜４人分】

レタス１個（３００ｇ）／赤玉ねぎ１００ｇ／塩小さじ½／米酢大さじ１／ワイ

ンビネガー（白）大さじ1／サラダ油大さじ1／EXVオリーブ油大さじ1／こしょう少々

【作り方】

❶まな板にレタスの芯を上にして置き、芯に切り込みを入れて、両手で2つに割る。それぞれに、もう1回芯に切り込みを入れて、2つに割る。芯を包丁で切り落とす。芯のついていた内側のカールしている葉からはずす。

❷ボウルに水をためて氷を加え、❶を入れる。内側のカールがなくなったら、外葉を2〜3枚重ねて右手の親指の付け根と残り4本の指でギュッとつかんで、バリッと切り取る。残りも同様にする。

❸赤玉ねぎは芯を付けたままスライサーで薄切りにし、❷のボウルに加える。

❹両手でざるにすくい上げ、水を切る。

❺ドレッシングを作る。大きめのボウル（直径30cm×高さ10cmくらい）に塩を入れ、米酢とワインビネガーを加え、メジャースプーンの背のくぼみですり合わせて塩を溶かす。サラダ油とオリーブ油を加え、スプーンの背でする。

❻ドレッシングが乳濁してきたら、❹の野菜を加える。両手に手袋をはめ、またはトングで、野菜をすくい上げては落とす、を繰り返す。皿に盛り、最後にこしょうを振る。

生徒さんの感想です。「ドレッシング（今回はビネグレットソース）は上からかけるものと思っていました。あんな少量でいいのですね！　味も軽く、野菜のおつゆが口の中にあふれ出ておいしかったです」とのこと。みなさんもぜひどうぞ。

野菜料理もレンチン野菜があればお手軽に

「電子レンジで野菜料理はできますか？」という問い合わせが、時々あります。質問をくださった方は奥様に先立たれてひとり暮らしを始め、コンビニで食品を調達して食べているけど、「もう少し野菜を摂ったほうがいいんじゃないか」と、思い始めたそうです。こんなリクエストも、電子レンジは簡単に対応できます。

レンチンブロッコリー

【材料１人分】

ブロッコリー½株（１００ｇ）／塩少々

【作り方】

❶ブロッコリーは小房に分け、大きければ２つに切る。ボウルに水を入れてさっと洗い、耐熱ボウルに入れる。

❷ふんわりとラップをして電子レンジ６００Ｗで１分30秒加熱する。

❸取り出してボウルに水を注いで色止めし、すぐざるへ上げる。塩を振るだけでとってもおいしい。

レンチンかぼちゃ

【材料１人分】

かぼちゃ（種とわたをとって）100g／砂糖小さじ1

【作り方】

❶かぼちゃは4個に切る。皮を下にして耐熱ボウルに入れ、くぼみのところに砂糖を少しずつのせる。かぼちゃは砂糖をのせると水分を呼び、ふっくらジューシーになります。

❷ふんわりとラップをして、電子レンジ600Wで2分加熱する。

❸取り出して、皮を上にして器に盛る。

レンチンキャベツ

【材料1人分】

キャベツ2枚（100g）／バター小さじ1／塩、こしょう各少々

【作り方】

❶キャベツは4cm角に切る。

❷耐熱ボウルに入れ、ふんわりラップをして電子レンジ600Wで1分30秒加熱する。

❸取り出してバターをのせ、塩を振って混ぜ、最後に、こしょうを振ればキャベツのバターあえの完成です。

レンチンにんじん

にんじんほど、レンチンムラが起こる野菜はありません。中心にいくほど細胞が密になっているからのようです。水を足すと加熱ムラが防げます。

【材料1人分】

にんじん小1本（100g）／オイスターソース小さじ1

【作り方】

❶にんじんは皮をむき、幅1㎝の輪切りにする。

❷耐熱ボウルに入れ、大さじ1の水を加える。

❸ふんわりとラップをして電子レンジ600Wで2分加熱する。

❹取り出して、にんじんだけを皿に移し、オイスターソースをかける。これで、中華の立派なオイスターソース煮の完成です。

COLUMN 2

野菜のレンチン時間の目安を覚えておくと便利です

豚カツも唐揚げも照り焼きも、たんぱく質のおかずは手に入るけど、添え野菜がせん切りキャベツだけでは物足りないという人向けに、レンチン野菜の加熱時間の目安をご紹介しますね。

野菜100ｇ（根や石突きを除いた正味）に対応する、電子レンジ600Wでの加熱時間の目安です。

❶きのこ（しめじ、生しいたけ、エリンギ、えのきなど）
…………………………………………… 1分
❷もやし（緑豆もやしなど）………………………… 1分
❸葉物（ほうれん草、白菜、キャベツ、ピーマンなど）
…………………………………………… 1分30秒
❹芋（じゃがいも、さといも、さつまいもなど）…… 2分
❺根菜（れんこん、にんじん、ごぼう、かぼちゃなど）
…………………………………………… 2分

ここに掲載していない野菜や根菜は、姿や質感が似ているもので時間を推測して、お使いくださいね。

第3章

電子レンジでパワーチャージ

やっぱりきみ、これからは電子レンジの時代だね！

私は今でこそ「電子レンジ料理のレジェンド」と呼ばれたりしていますが、最初は大変でした。使い始めたのは今から51年前。大分市の赤土の山を切り開いて造成した、アパートに住んでいたころのことです。

週に1回、私は自宅で料理を教えていた主婦。何より、夫の健康管理と子どもの体力作りが大事と思っていました。当時、３人の子どもたちは育ち盛りで食べ盛り。夫もテニスや水泳、ゴルフとスポーツ大好き人間で、食欲も旺盛でした。

そんなある日のこと、市内の体育館で家電ショーの開催、という新聞の折り込みチラシが入っていたので行ってみました。「奥さん、電子レンジなら何でもあっという間に温められますよ。これを手に入れたら温め直しも苦になりません」。

私はタクシーで山の上のわが家に戻り、冷凍庫から家族5人分のマカロニグラタンを持って体育館に戻ります。「これを熱々にしてくださいな！」。電子レンジにかけてくれますが、待てど暮らせど、溶けてくる気配もありません。「これじゃ、わが家にはいらないわ」と、グラタンを抱えて家に帰りました。

2～3日経って、電子レンジを出展していた家電ショップの社長さんが、わが家に現れます。「あの人はどこの人だ？」と、私を探し当てたのだとか。「家電ショーで使った中古品ですが、格安で譲ります。奥さん、要りませんか？　その代わり、電子レンジ調理でわかったことをぼくに教えてください」。そんな申し出に、やったぁ！

高価でなかなか手の出なかった電子レンジを入手。カチコチパンや庫内に飛び散ったゆで卵、次から次へとテストする私に、「これは何だ！」。「あなたのお給料からもらったお金で材料を買っているの。もったいないから食べて！　ねっねっ、どう、お味は？」で、夫は怒り爆発。「まずい！　レンジなんて捨ててしまえ！」。と言われても、私にとって前代未聞の調理器具。こんなに好奇心をかき立てられるものはありません。そこで、夫の好きそうな料理に方向転換しました。

そしてある日、「やっぱりきみ、これからは電子レンジの時代だね！」ですって。

電子レンジ調理のメリットとは

まず、最初に電子レンジ調理のメリットをお知らせします。

①効率よく加熱するので、調理時間が短くてすむ！

電子レンジは電磁波で食材の水分子を揺り動かし、調理します。このため、調理時間が短縮されます。１００ｇあたり、６００Ｗでわずか2分の加熱で大丈夫。また、電子レンジは火を使わないので消し忘れの心配もなく、安全です。うっかりが増える年代にはおすすめです。

②食材の切り方が不揃いでも、加熱時間さえ合っていれば加熱できる！

火の通りをよくするために大きさを揃えて切る、と調理の基本でいいますが、電子レンジは食材の重量で、加熱時間を設定します。シチューのように肉と野菜の大きさが違っても、不揃いな切り方でも確実に火を通します。

③油は風味づけ程度で十分。無理なく量が減らせる！

炒めものも食材の水分で調理するので、油分は控えめでも焦げつきません。炒めもの、揚げものも油の使用量は風味づけ程度。生活習慣病の予防・改善のためにも油控えめで調理できるので、電子レンジは強い味方です。中華風メニューも自在に作ることができます。

④食材の水分で調理するから、調味料はいつもの3分の2！

電子レンジは食材に含まれる水分で調理ができるので、加える調味料もいつもの3分の2ですみます。食材の水分を揺り動かして加熱調理するので、食材の栄養やうま味を逃しません。

⑤電子レンジ対応の耐熱容器ひとつで調理できるから、後片付けが簡単！

電子レンジ対応の耐熱ボウルか耐熱皿（食材の形状に合わせて）がひとつあれば、調理ができます。使う道具が少ないので、後片付けがとってもラクチンです。

電子レンジで調理すると、栄養はどうなるの？

電子レンジはゆでる、蒸す、煮る、煮込む、焼く（ソテーする）、揚げるなどの調理が油を使わずにできるので、低カロリーな調理方法です。ソテーや揚げもの調理は、油をまったく加えないと風味に欠けるのでほんの気持ち加えますが、フライパンや中華鍋を使った料理に比べれば、ぐっとカロリーは控えめになります。

また、ゆでる、蒸す、煮るといった調理と比べても、レンジ調理は食材の持つ水分＋調味料で仕上げますから、鍋を使ったときより栄養成分が多く残ります。

あるテレビ番組で食材も調味料も同条件の「肉じゃが」を電子レンジと鍋で作って、食品分析センターに分析を依頼したことがあります。電子レンジの「肉じゃが」は鍋の「肉じゃが」より、アミノ酸もビタミンも30パーセント多く残っていました。ただ、栄養分が減らないということは、アクも残るということ。青菜を加熱後は即、水に取って冷まして色止めして絞り、アクを除いて使いましょう。

電子レンジの簡単ルールを知ろう

①作り方はいたって簡単。基本のルールを押さえておく！

材料を切る↓レンチンする↓出来上がり、の３プロセスです。レンチンのやり方だけ料理に合わせて少しだけ変えます。水蒸気を飛ばすかどうかで、「ラップをかける、かけない」。加熱むらを防ぐために「電子レンジ対応容器の下に小皿を置く」。油分の少ない肉や魚を塩焼きやグリルするときは、魚の身が破れて無残な姿にならないように「クッキングシートを敷く」などです。

表 電子レンジのW数別加熱時間

500W	600W	700W	800W
40秒	**30秒**	30秒	20秒
1分10秒	**1分**	50秒	50秒
1分50秒	**1分30秒**	1分20秒	1分10秒
2分20秒	**2分**	1分40秒	1分30秒
3分	**2分30秒**	2分10秒	1分50秒
3分40秒	**3分**	2分30秒	2分20秒
4分50秒	**4分**	3分30秒	3分
6分	**5分**	4分20秒	3分50秒
7分10秒	**6分**	5分10秒	4分30秒
8分20秒	**7分**	6分	5分20秒
9分40秒	**8分**	6分50秒	6分
10分50秒	**9分**	7分40秒	
12分	**10分**	8分30秒	

※800Wの電子レンジは、6分までの時間設定となる。

②加熱時間は100gに対して600Wで2分と覚えよう！

電子レンジのW数別加熱時間を表にまとめてみました。ぜひ、参考にどうぞ。

電子レンジでおいしく調理するコツ

①加熱後はすぐに取り出す。逆に余熱を利用する場合もある！

電子レンジの加熱が終了したら、すぐ取り出してください。そのまま置くと、レンジ庫内にマイクロ波が残っていて、加熱が進みます。なめらかに仕上げたい茶わん蒸しなどの卵料理は、庫内に放っておくと〝す〟が立ってしまいます。ラップもすぐにはずします。逆に余熱を利用する場合もあります。チャーシューなどはレンチン後、庫内に5分ほど置いて蒸らすと、芯までふっくら加熱されます。

②レンチン後は余熱を利用してすぐに混ぜる！

電子レンジ調理は原則として、だしや水は加えません。調味料だけで煮炊きをします。加熱が終了すると、肉や魚、野菜などから水分が出ます。この水分が煮汁になるので、ここで初めて全体を混ぜます。レンチン後、全体を混ぜることで味が均一になり、冷ましている間に味がしみ込みます。

③クッキングシート+小皿で味をしみ込ませる!

煮物の味をしっかりつけたいときは、材料にじかにクッキングシートをかぶせ、小皿をのせて落としぶた代わりにするとよく味がしみます。この方法はよく使うので、ぜひ覚えておいてください。クッキングシートと電子レンジ対応の小皿(12~13cm)は、電子レンジ料理のマストアイテムです。

④皮があるものは切り目を入れて破裂を防ぐ!

電子レンジは素材に含まれる水分を揺り動かし、水分は1700倍の体積の水蒸気に変わり、行き場を失うと皮や膜があるものはそれを破って加熱中に破裂して飛び散ります。じゃがいもなど皮が付いているものや膜があるものは、切り目を入れる下処理をします。例えば、鶏肉は皮を包丁で突いて穴をあけ、皮を下側にして加熱。魚も表になる側の皮に斜めに1本、もしくは×の切り目を入れます。

ラップのかけ方で料理の仕上がりが変わる

ラップは、電子レンジ調理のふた代わりです。ラップのかけ方によって水蒸気や水分量の調整ができるので、料理によって3つの方法を使い分けます。

①両端をあけてラップ＝噴きこぼれやすい料理のとき

炊飯やカレー、シチューなどは、耐熱ボウルや耐熱皿の両端を5㎜くらいずつあけます。水蒸気が適度に逃げて、噴きこぼれを防止します。

②ふんわりラップ＝水分量の少ない素材のとき

几帳面な人もぴったりかぶせることをしないで、全体にふんわりとかけます。中に水蒸気がこもるので、水分量の少ない材料の加熱に向いています。

③ラップなし＝水分を飛ばしたいとき

材料の水分を飛ばしてパリッとさせたいとき、汁気を飛ばすときはラップ不要。きんぴらやつくだ煮、ジャムを煮詰める、揚げものの温め直しのときなどです。

使える容器と使えない容器を覚える

電子レンジで、気をつけたいことがあります。まず、使える容器と使えない容器があるので、覚えておくと失敗がありません。漆の塗りがはげてしまうなど、大切な器を台なしにしたら悲しいですからね。

①使える容器

耐熱ガラスのボウルや皿／耐熱性のプラスチック容器／シンプルな模様のない陶器／ポリ袋、などです。

②使えない容器

耐熱性のないガラスの器／ステンレスの器／赤絵の器／漆器／金銀模様入りの器／木の器／竹の器、などです。

COLUMN 3

電子レンジのツボを押さえて味方にする

「村上さんは実は３人おりまして、１人は東京、１人は福岡、みなさんの前に立っているのがもう１人です」。全国各地で精力的に仕事をこなす私を、講演会の主催者が紹介したときの言葉です。

ひざ痛もなし、腰痛もなし、年齢を重ねても筋肉量は多いらしいです。人生ずーっと元気で、気力も衰えることがありません。

私のパワフルな日常を支えているのは、誰も見ていなくても部屋をきれいに保ち、三食作って食べること。人生最後の日まで好きなことをしていくためには、その繰り返しこそが大切だと思っています。

それを助けてくれているのが「電子レンジ」です。単純な調理器具ですが、押さえるべきツボがあります。ポイントを覚えておけば、あなたの強い味方になってくれること間違いありません。

第4章

私の元気の秘密を教えます

どうしてそんなにお元気なのですか？

私は80歳を超えました。だけど、今も現役の料理研究家です。季節外れのもの、少し特殊な食材、細めのバゲットなど、いつものスーパーで品揃えのないものは、撮影のたびに探しに出かけます。

首からスマホを提げ、ショルダーバッグをかけ、大型の帆布バッグを担いで、1軒ずつお店を回って購入します。スタッフは30年以上も勤めている人たちで、年もとりました。お孫さんも増えたので、あれこれ些細な用件を頼むのは申し訳ない、という思いもあります。ひとり暮らしの私が、片付ければすむことです。

信号待ちをしていると、「ムラカミさんでしょ！」。ひとりおいて、その隣の人から声がかかりました。「いつもお元気そうですね！」。

そうです！　見かけは小さいのですが、私は熱を出すことがありません。風邪で寝込んだ記憶もありません。そのわけを強いてあげれば、朝晩、ティースプーンにこんもり1杯いただく「にん玉ジャム®」ぐらいかな。乳製品が大好きということも、プラスに働いているのかもしれません。

40年以上も前の話です。15年近く続いた原因不明の高熱や痛みが、慢性顎骨骨《がくこつこつ》髄炎《ずいえん》と診断され、4年間で14本の抜歯をし、顎の骨を切開する手術を合計で8回も受けました。検査のときに、ヨードのアナフィラキシーとわかり、あわや！というところから生還。食べることが不自由な4年間を経験し、食べることの大切さを実感しました。一日3回コツコツ食べる、を毎日実行するのも、このときのおかげです。

そして何より、仕事があること。仕事に意欲的です。栄養や健康の原稿をしたためるときは深夜まで調べ物をしています。「あらっ、もうこんな時間！　3階の自分の部屋に戻らなくては……」ということもしばしばです。

意欲満々ですから、思い立ったらすぐ実験やテストを実践します。考え抜いてレシピを起こしたはずなのに、何も考えずに作ったのではないか、というひどい失敗に終わることも……。失敗の記録なんて二度と見たくないものですが、反故《ほご》にせず記録に残します。記録を捨てていたときは、人間はまた同じようなことをやるのですね。やっと悟った心境です。

「にん玉ジャム®」の誕生前に「玉ねぎ氷®」の開発

血液の流れをよくしてくれる「にん玉ジャム®」は、長距離トラックのドライバーから届いたメールから誕生しました。

にん玉ジャム®の前には、糖尿病を長く患う友人のために「玉ねぎ氷®」を開発し、友人に使ってもらっておりました。

1カ月、2カ月経つうちに、糖尿病の友人のHbA1c（※注1）が正常値に近くなりました。開発した本人（私です）が、玉ねぎ氷®のあまりの効果にびっくり。埼玉県の糖尿病専門医である周東寛《しゅうとうひろし》先生の患者さんで、臨床試験をしてもよいと手を挙げてくださった10人の方へ、クール便で1カ月分の「玉ねぎ氷®」を送りました。そして、1カ月間のテストをしていただきました。

その結果、90パーセントの方の血糖値が安定したのです。この結果を受けて、家の光協会の出版部門に相談をして、２０１２年に『玉ねぎ氷が血糖値を下げる！　おいしい糖尿病レシピ』を刊行いたしました。

各出版社が玉ねぎ氷®本を発行し、ちょっとした玉ねぎ氷®ブームが起こったのです。

※注1　「ヘモグロビンエーワンシー」と読む。赤血球中のヘモグロビンが、血中のブドウ糖と結合したもの。採血前1～2カ月間の血糖値の平均的な数値を反映し、血糖値の高い状態が続くと高くなる。

必要な栄養が手軽においしく摂れるアイデアとして開発した“元気ジャム”の「にんにくと玉ねぎ」。77～79ページを参照

写真提供／株式会社ローズメイ

「玉ねぎ氷®」の難点は溶けること

連絡をくださったドライバーの方は「玉ねぎ氷®」で、血圧が正常値内で安定し、喜んでいらっしゃいました。けれど、玉ねぎ氷®の難点は溶けること。「いったん、家を出ると４日間は戻らない生活です。溶けない玉ねぎ氷®はできませんか？」というメールでした。

玉ねぎ氷®をジャムにすることを考えましたが、お世辞にもおいしいとはいえません。

１９９０年、アメリカ国立がん研究所（ＮＣＩ）が発表した「デザイナーフーズピラミッド」（左頁）があります。がん予防に効果的なファイトケミカル（※注２）を含む野菜など40種類を、効能の強いものを頂点としてピラミッド型に図示したものです。

第二グループの玉ねぎのイソアリインに、トップグループのニンニクを加えて

図 デザイナーフーズピラミッド（アメリカ国立がん研究所）

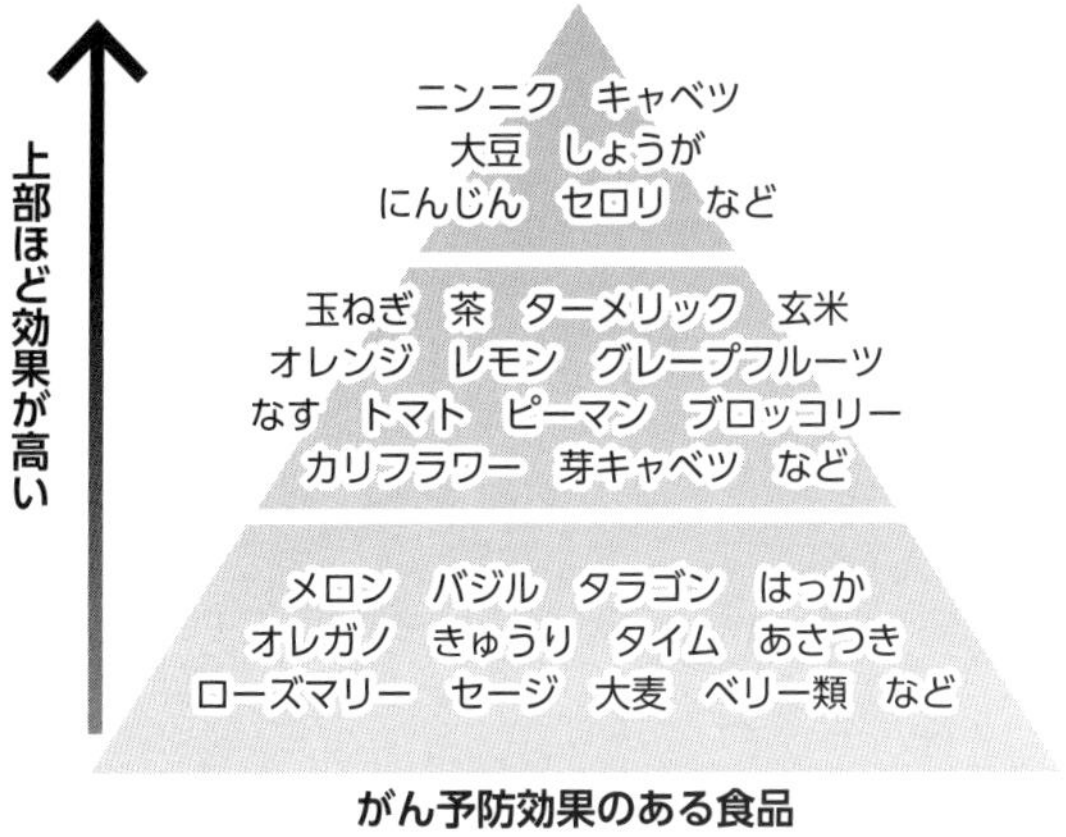

アリインを強化しました。これに、砂糖とレモン汁を加えて「にん玉ジャム®」が完成したのです。

ひと口食べた人は「リンゴジャムのようなおいしさ！」と、びっくり。料理に加えれば、玉ねぎに含まれるうま味成分のグルタチオンが、減塩のお手伝いをします。

２０１３年に開発して以来、私も朝晩スプーンに、こんもり１杯をペロリ。おかげさまで血の巡りがよいのでしょうか、毎日、薄着で過ごしています。

※注２　植物が有害なものから体を守るために作りだされた、色素や香りなどの成分のこと。必須栄養素ではないが、健康維持のために摂取したい重要な成分である。

「玉ねぎ氷®」の作り方

【材料＝出来上がり1kg、製氷皿2〜3枚分】
玉ねぎ4個（正味1kg）／水1カップ

【作り方】
❶玉ねぎは皮をむき、上側と根を切り落とす。
❷耐熱ボウルに❶を入れ、水を注ぎ、電子レンジ600Wで24分加熱する。
❸ボウルにたまった汁ごとミキサーに移し入れ、とろとろになるまで回す。
❹製氷皿に流す。凍ったら製氷皿から氷を取り出し、ジッパー付き保存袋などに入れ、冷凍庫で保存する。冷凍で2カ月間、保存可能。

1ブロックが約25gになる製氷皿を使用します。「玉ねぎ氷®」を作る際には手持ちの製氷皿の容量を確認し、1ブロックが何gになるか把握しておくと計量が便利です。

「冷凍が面倒」という人は、ふた付き容器で冷蔵保存してもＯＫ。この場合、１週間の保存が可能です。そのままスプーンですくって使います。「このやり方がいい」と、10年来、続けている生徒さんもいます。

「にん玉ジャム®」の作り方

【材料＝出来上がり４６０ｇ分】
玉ねぎ５００ｇ（正味）／ニンニク１００ｇ／水１００㎖／砂糖60ｇ（ダイエットシュガーなら20ｇ、はちみつなら60ｇ）／レモンの搾り汁大さじ２

【作り方】
❶玉ねぎは皮をむき、上側と根を切り落とし、４つに切る。
❷ニンニクも皮をむく。

❸耐熱ボウルにニンニクを入れ、玉ねぎをかぶせるように入れ、水を注ぐ。水はニンニクの尖った先に電磁波が集中的に当たり、焦がすのを防止するため。

❹ふんわりとラップをかけ、電子レンジ６００Ｗで14分加熱する。

❺ミキサーに❹の玉ねぎ、ニンニクを水と一緒に移す。砂糖とレモンの搾り汁を加え、ピューレ状になるまで回す。

❻❹で使った耐熱ボウルに❺を戻し、ラップはかけないで電子レンジ６００Ｗで7分加熱して煮詰める。

❼完全に乾いている瓶（耐熱ガラスでなくてよい）に9分目まで詰め、ふたをギュッと閉める。

常温で1カ月間保存できます。開封後は冷蔵で保存してください。

砂糖とレモンのクエン酸でグリコーゲンの再生を活性化し、血の巡りがよくなります。また、体重が気になる方、甘さを控えめにしたい方などは、砂糖の量は半分の30gまで減らすことができます。

❤これだけは電子レンジを使ったほうがお得かな？

「えっ、『にん玉ジャム®』を電子レンジで作るの？」「私はレンジじゃなくて、鍋で作るほうがいいわ」と、いう方もいらっしゃることはわかっています。本を出した当初は、そんな電話がかかってきました。

鍋で作るためには、ニンニクと玉ねぎを大きなボウルに入れ、湯気の上がっている蒸し器に入れて、強火で20分蒸します。すると、ニンニクも玉ねぎもとろりと軟らかくなります。

ミキサーでピューレ状にして鍋に移し、砂糖とレモン汁を加えて煮詰めます。ジャム状にして保存するためです。けれど、ニンニクと玉ねぎは糖分含有量が高く、鍋をコンロにかけて煮詰めていくと焦げやすいのです。つきっきりで混ぜているとプチップチッと跳ねて手の甲に当たり、アチチッと悲鳴が上がります。ですから、電子レンジがおすすめなのです。

COLUMN 4

80歳を過ぎても、しみとは無縁です！

砂糖をはちみつに換えて、秋田の工場で「にん玉ジャム®」を生産している会社があります。ロングセラーの上にヒット商品なので、工場の人たち総出で作ります。先日、大手通販会社からの問い合わせに、「今の量で手いっぱい。お宅に下ろすほどは作れません」と、回答したのだとか。

電子レンジは「嫌だ！」「やりたくない！」などと、文句を言ったりしません。息子のように「それはお母さんの仕事でしょ！」と、言い返したりもしません。何よりありがたいことに、焦げ付きません。

にん玉ジャム®は、開発した本人が一番恩恵に与《あずか》っています。

先日、TBS系テレビの「サタデープラス」の収録にいらしたディレクターさんが「そういえばムラカミさん、手にしみがありませんね！」と、顔の前に両手の甲を上げたところを収録していただきました。美形でなくても皮膚の状態がよいというだけで、全国放送されることもあるのですね。

贅沢でなくてもよい。だけど、自分の体のために「毎日三食コツコツ食べる」を肝に銘じて、これからも人生を歩んでいきます。

第5章

健康になる間食のすすめ

日本栄養士会のテーマは「間食のすすめ」

「年齢を重ねると食が細くなる」と言いますが、考えてみれば、一度にたくさん食べられないのはシニアに限った話ではありません。赤ちゃんも幼児も同じです。食の細い方は乳幼児と同じように、朝昼晩の一日３回の食事のほかに、午前10時と午後３時のおやつタイムに「ちょこっと食べる」を取り入れてみてはいかがでしょうか?

私は、栄養士として50年以上も活動をしています。日本栄養士会の２０２３年のテーマは「間食のすすめ」です。人生１００年時代、自分らしく健やかな日々を過ごすためには、ちょこちょこエネルギー補給を、とスローガンに掲げました。

ムラカミのスタジオでは、たくさんの撮影があり、休憩時間をとることが難しいときでも、昼食を省くことはありません。カメラマンやデザイナー、スタイリスト、編集者、ときにはメーカーの担当者など、６~９人分の昼食を用意します。

前日に作っておける、牛すじカレーやおでんのこともあれば、当日作る、ぺぺたま（カルボナーラのチーズなしパスタ）、揚げなすのパンザロッティ（パンの入ったイタリア風サラダ）のこともあります。若い助手さんもメンバーにいるので、アイスクリームメーカーを回して食後のデザートも作ります。スタッフも当然、休憩をとって食事を取ります。

かくいう私は電話が入ったり、メールがきたり、「ちょっと近くまで来たので」と顔を出す人もありで、うかうかすると食事抜きになりかねません。

そこで、茶わん1杯分のごはん（１５０ｇ）で2個のおにぎりを作ります。外側に梅干しの赤い果肉をピタッと張り付け、合間を縫ってパクパク食べます。お行儀が悪いなどと言っていたら、エネルギー不足になった私の脳は「筋肉を分子レベルまで分解してブドウ糖に作り替えてよこせ」と、無言の圧力をかけてきます。主の私のことにお構いなく、脳の司令塔は偉大な権力者。すねの筋肉が減っては仕事もおぼつかないことになってしまうのです。

栄養学的にみれば、75歳以上の女性の場合、8時間おきに２５２キロカロリー（糖質

55g）＝茶わん1杯のごはん（１５０ｇ）を摂取すれば、持つそうです。

文章から修飾語や慣用句をはずしてみたら

「さっちゃんが文章を書くようになるとは、思わなかったね！」。これは、高校時代の恩師を訪ねたときにかけられた言葉です。

そうです。私は文章のセンスが、まったくありません。四苦八苦して毎日何とか仕事をこなしている、というのが現実です。あるとき、いつも通りに文章を書いてから、気の利いたつもりで入れた修飾語やたとえ、慣用句などを全部はずしてみました。それでも、言いたいことは十分伝わるのです。

「これだ！」と悟り、料理にも応用。料理作りも「ねばならない」ということが多いのです。世間様がおっしゃる〝うんちく〟を取り去ると、すっきりしました。

一例を挙げてみます。料理教室のレッスンで実習したレシピです。

お刺し身丼

【材料2人分】
ごはん（温かいもの）200g／マグロ（刺し身）50g／タイ（刺し身）50g／Ⓐ〈しょうゆ小さじ2、みりん大さじ1、薄口しょうゆ小さじ1〉／青じそ2枚（せん切り）／もみのり少々／練りワサビ少々

【作り方】
❶丼2個にごはんを分けて盛る（普通、外食の丼物のごはんは1人分200〜220g）。
❷小さなボウルにⒶを合わせて〈たれ〉を作る。
❸刺し身を1切れずつ❷に浸して、❶にのせる。ごはん400g用のたれなので余りますが、もったいないからとごはんにかけたりしません（塩分の過剰摂取予防）。
❹青じそ、のり、ワサビを添える。

実習の準備をしていたスタッフが「たれは煮きらなくてもよいですか？」

生徒さんは「お刺し身丼って、すし飯にのせるものと思っていました！」

たれは煮きらない。温かいごはんにする。このシンプルさで、お刺し身丼は滅茶苦茶おいしくなります！

福岡名物の明太子が主役の〝湯霜めんたい〟

私が住む博多で名物といえば辛子明太子。独特のうま味と辛さは、虜《とりこ》になります。１９７１年、大分市の山の上の団地に住んでいたとき、博多からひと折り、おみやげに持ってきた方がいました。夫の帰りを待ってからとは思いましたが、こっそりと、ちょっと食べてみると、信じられないような美味！　あとちょっと、あとちょっと……と。後で、彼に何と言い訳したのでしょうね（笑）。

その明太子屋さんは、韓国から引き揚げてきた先代が、あちらで食べ親しんでいた味を再現なさったのだそう。特許の申請をされなかったので、博多には５００軒はくだらないといわれる名店、こだわりの辛子明太子屋さんができました。

たらこは、雌のすけとうだら1匹から1組しか取れません。形が整って折りに詰めたものはお値段もなかなかのもの。朝食のごはんのお供には、切り子と呼ぶ半端詰めを求めます。

おひとりさまごはんの私は切り子1パックを求めたら、1個ずつラップで巻いてふた付き容器に入れて冷凍します。必要なときに取り出し、スリットを軽く入れ、薄皮をつるりと取って、中身をごはんにのせて食べています。酒の肴に、〝湯霜めんたい〟はいかが。

【材料1人分】

辛子明太子（切り子）1個（10g）／カットわかめ（乾燥）小さじ1

【作り方】

❶小鍋に湯1カップほどを沸かす。カットわかめを入れ、パッと開いたら火を止め、網じゃくしですくい上げ、小さめのボウルに張った水にちょっと漬けて色止めをしてから水気を切り、器に盛る。

❷❶の湯に明太子を入れ、再び点火。２秒ほどで明太子がパッとピンクの花が咲いたようになったら、網じゃくしですくって❶のわかめの上にのせる。

高塩分で高うま味調味料の辛子明太子を熱湯にくぐらせて、霜降りにするので、罪悪感が減りました！　おいしかったです、と生徒さんの声。プチパンに切り込みを入れてわかめと湯霜めんたいを挟むと、おすすめの間食になります。

チーズのニオイが食欲をそそる〝チーズせんべい〟

２０００年に『ママと子どもがハマルお料理手品』（講談社）を出版しました。お料理手品は、シンプルな調理ばかりです。この本の手品をいくつかマスターするころには、料理が何品も作れるようになっているという仕掛けを作りました。

私の経験からいえば、子どもはまず、ニオイにつられて寄ってきます。チーズが加熱されたときのピザと同じニオイ。お鼻がヒクヒクして、こちらをジィーッと見つめています。もちろん大人も、おいしそうなニオイには敏感ですよね。

わが家の子どもたちは学校から帰ると、ランドセルから宿題を取り出し、その足でキッチンにやってきて、調理台の横に腰かけます。

「宿題、部屋でやったら？」

「でも、お母さん、おもしろそうなんだもの」

【材料＝直径４～５㎝のもの５個分】

ピザ用チーズ大さじ５／ちりめんじゃこ小さじ５（ちりめんじゃこは主役ではないので、なくてもＯＫ）

【作り方】

❶耐熱皿にクッキングシートを敷く。

❷❶の上に、ちりめんじゃこ、その上にチーズをドーナツ状にのせる。

❸ラップはかけずに電子レンジ６００Ｗで５分加熱する。チーズが溶けて、ところどころに焦げ目が付いたら取り出し、冷ます。

青魚パワー〝塩サバマリネ〟と〝サバのみそ煮〟

塩サバマリネ

【材料1人分】

塩サバ（甘塩）70g／ブロッコリー50g／Ⓐ〈酢小さじ1、しょうゆ小さじ1、オリーブ油小さじ1、水大さじ1〉

【作り方】

❶塩サバは3つに切る。ブロッコリーは小房に分ける。

❷ボウルにⒶを合わせる。

❸鍋に湯1カップを沸かし、塩サバを入れる。色が変わり、皮がそってきたら網じゃくしですくい上げ、❷に加える。

❹鍋にブロッコリーを入れ、緑色が冴えてきたら、網じゃくしですくって水に取って色止めし、すぐ引き上げて❷に加える。

「早寝、早起き、朝ごはん」につながる食育で、福岡県田川市の小学校に招かれました。この食育は、子ども、家庭、学校が一体となって、自分で人生を歩んでいけるように、という主旨です。

小学生がステージに上がって、電子レンジでごはんを炊きました。浸水時間も蒸らし時間も不要のあったかごはんに、子どもたちはどよめきます。

オブザーバーで参加したお母さんたちから、「先生、私たちにも教えて！」の声が上がりました。要望のあったサバのみそ煮や肉じゃが、チキンカレー、テレビ朝日系で放送された「徹子の部屋」で実演したビーフシチューのレシピを渡しました。食材の調達は、保護者の方たちが担います。

当日、家庭科室で実習はスタートしました。

「サバのみそ煮」のサバは、甘塩のサバを使うとのこと。「エッ？」という私の表情を察してか、担当者が「こちらのほうが、生のサバより臭みがなくてよいのです」「あっ、ソミュール液の伝《つて》だな」と、了解しました。

ソミュール液

【材料＝魚や肉の切り身4切れ（400g）分】

水500㎖／塩小さじ2／砂糖大さじ2／ローリエ1枚

ソミュール液は冷蔵すれば丸4日間、魚や肉はソミュール液に浸してもOKです。ソミュール液の効果は、①魚や肉特有の臭みが取れる。②加熱するとしっとり、パサつかない。③下味が付く。④下味が付いた食材は火の通りが早い、などがあります。

サバのみそ煮

【材料2人分】

サバ（甘塩）2切れ（140g）／Ⓐ〈みそ大さじ1、砂糖大さじ1、酒大さじ1〉／ピーマン2個

【作り方】

❶サバはハジケ防止に、皮に縦に1本切り込みを入れる。

❷ピーマンは各4つに切って種を取る。
❸耐熱ボウルにⒶを入れて混ぜ、❶を1切れずつ加えてまぶし、❷をのせる。
❹ふんわりとラップをし、電子レンジ600Wで3分加熱する。

おまけ・1合の米を電子レンジで炊く

【材料2人分】
米1合／水260㎖

【作り方】
❶米は洗って水切りし、直径22㎝の耐熱ボウルに入れ、分量の水を注ぐ。
❷ふたをして電子レンジ600Wで5分加熱する。沸騰したら電子レンジを弱（150〜200Wまたは解凍モード）に切り替えて12分加熱する。

米を浸水時間なしで、電子レンジで炊きます。炊飯器の早炊きコースより早い、ごはん炊きです。

米は15・5パーセントの水分を含みます。電磁波の電極の動きは、1秒間に24億5千万回も向きをかえるほど速いのですが、分子量の小さな水の分子は電極の変化についていくのにぴったり。電磁波が米粒の中の水分と煮汁の水分の両方に同時に当たります。いうなれば、米粒は内からも外からもダブル加熱されるようなもの。浸水時間ゼロでもふっくらと炊けるわけです。

米を洗ったら、ざるに上げて30分たってから炊く。ということが身についている大人にとっては、目からうろこの手品です。

最速！ 2分で完成する〝卵サンド〟

夜10時に固定電話が鳴りました。日本テレビ系の早朝のニュース番組「Oha！4 NEWS LIVE」のディレクターからです。

「明朝の料理がやっと決まりました。卵サンドです。それも1~2分で簡単にお願いします」

電子レンジのレジェンドと世間ではいわれるけれど、「ゆで卵を作るには、電磁波よけに卵をアルミホイルですっぽり包んで耐熱カップに入れ、水１００㎖を注いでラップ。電子レンジ６００Ｗで２分加熱。水が沸騰してきますから、弱に切り替えて12分加熱。で、やっとできるのですよ！」と、こんこんと説明をしましたら、「原理も理論もどうでもよいのです。卵サンドは、ゆで卵をつぶしてマヨネーズで調味でしょ⁉　だから、崩れていたっていいのです。何とか１～２分でできる方法を！」と、押しの一手です。

そうきましたか！「今晩12時までに、レシピと完成写真を届けます」

「どうせつぶすのだから、先につぶす」で、すべて解決しました。

【材料１人分】

食パン（サンドイッチ用薄切り・耳なし）２枚／卵１個／マヨネーズ大さじ１／ソフトマーガリン小さじ１

【作り方】

❶耐熱のミニボウルに水大さじ1を入れ、卵を割り入れ、破裂防止に卵黄の膜を箸で3カ所突く。

❷ふんわりとラップをし、電子レンジ600Wで50秒加熱する。5回くらいパンパンはじけることもあるが、気にしない。

❸ボウルを取り出し、湯を捨て、卵をフォークで細かくつぶし、マヨネーズを加えて混ぜる。

❹食パン2枚にマーガリンを塗る。1枚に❸を塗り、もう1枚をかぶせて、4つに切る。

自分へのご褒美は佐世保名物の〝レモンステーキ〟

フレンチの店で、有名なレモンステーキをオーダーしました。すると、トントントントンとリズミカルにまな板の上で何かをたたく音がして、やおら現れたのは、木皿の上にのった鉄皿の上でジュージュー音を立て、レモンの酸味と香りがきいた熱々の割り下に浮かんだステーキ!

教室でも「教えて」と、希望の多いメニューです。

私は40年前、顎骨を切開して炎症を起こしている骨髄を掻爬《そうは》する手術で、歯を14本失いました。義歯を入れてしのいできましたが、ブリッジをかけた歯は負担が大きく、１本、また１本と抜く羽目に……。ついにすべての歯がなくなり、すべて義歯に付け替え中です。１年以上かかっていますが、なかなか完了とまではいきません。

これでは、私は栄養失調状態です。このままでは本体の私が、お陀仏になりかねません。粒々食やとろとろ食ばかりでは生きた心地もしません。

エイヤッ! と、デパ地下の精肉売り場で、和牛もも肉のしゃぶしゃぶ用薄切り肉を求めました。帰る途中で室温に戻し、早速、作りました。いやー、おいしかったです。時々はこんなふうに、ご自分を甘やかしてあげてくださいね。

【材料1人分】

牛もも肉（しゃぶしゃぶ用薄切り）100g／Ⓐ〈しょうゆ、酒、砂糖、レモンの搾り汁各大さじ1／ニンニクのすりおろし1かけ分（またはチューブのニンニク小さじ½）〉／ごはん80g

【作り方】

❶牛肉は冷蔵庫から出して、30分ほど置いて室温に戻す。

❷フライパンを温め、Ⓐを加えて強火にし、ワァーッと沸いてきたら牛肉を1枚ずつ両手で広げて入れてサッと火を通し、裏返さずにすぐ、ごはんを盛った皿に取る。残りも同様にする。

❸フライパンに残ったソースを肉の上からかける。

❹肉を食べ終えたら、温かいごはんは、皿に残ったソースといただく。

あわびのステーキみたいな〝バターかまぼこ〟

たらこを取ったら後は、廃棄するしかなかったすけとうだら。すけとうだらを水にさらしてから１００パーセント近くの身だけにし、砂糖を加えて冷凍すると、必要に応じて練り製品の原料になります。しかも、すけとうだらのたんぱく質は、瞬発力を生む「速筋」を作るアミノ酸のロイシンを多く含むのです。骨格筋の速筋が減少すると、つまずいたり転倒したりしやすくなります。

ある月刊誌の「高齢者の健康を考える」というインタビューに、89歳を迎えた現役医師の方が登場。「ある日のひとりごはん」で、朝食はごはん、豆腐とねぎのみそ汁、ちくわ、ワサビ漬け、白菜の漬け物、と回答していました。

そのままで食べられるちくわやかまぼこは、高たんぱく質食材として私も重宝しています。〝あわびのステーキみたいだ〟と、父が好んで食べていたバターかまぼこを紹介します。

【材料1人分】
かまぼこ（幅1㎝に切ったもの）3切れ／バター小さじ1／Ⓐ〈しょうゆ、砂糖各小さじ1〉／マヨネーズ少々／青しそ2枚（縦2等分）（好みで）

【作り方】
❶フライパンを温め、かまぼこを並べ入れ、中火で30秒ほど焼く。
❷焼き色がついたら返し、脇からバターとⒶを加え、かまぼこに絡める。
❸器に盛る。青しそもフライパンに残ったたれを絡め、かまぼこにのせる。そのままでもいいし、マヨネーズをつけて食べてもおいしい。

ケチャップと豆板醤で〝韓国風フライドチキン〟

チキンにとろりと絡んだヤムニョムだれが、後を引きます。市販の唐揚げが、家にあるケチャップと豆板醤《トウバンジャン》だけで、韓国風フライドチキンのヤムニョムチキンに大変身！　博多は韓国からの旅行者でいっぱいです。ハンシク（韓国料理）のお店も増えました。

【材料1人分】

鶏の唐揚げ（市販品）70g／Ⓐ〈ケチャップ大さじ1、豆板醤小さじ½、砂糖小さじ1、みりん小さじ2〉／長ねぎ（みじん切り）大さじ1／いりごま（白）少々

【作り方】

❶小ボウルにⒶを合わせて混ぜ、鶏の唐揚げを入れ、手で絡ませる。手がヒリヒリするので、使い捨ての手袋をしてするとよい。

❷長ねぎといりごまを振ると、さらにおいしくなる。

しょうゆもワサビもいらない〝ごまタコ〟

30年前は、コレステロールの塊といわれていたタコ。含有成分のタウリンの構造式が、コレステロールに似ていたための誤解でした。それどころか、タウリンはコレステロール値を下げる働きが大きいとわかり、今では逆に推奨される食材になっています。

【材料1人分】

ゆでタコ50g（5切れほど）／いりごま（白）小さじ1

【作り方】

❶小皿にいりごまを入れる。

❷タコを1切れ、箸でつまんで❶にのせ、片面だけごまをつけて、皿に盛る。ゆでタコの塩気でしょうゆいらず、ごまの香りと食感でワサビいらずの優秀メニューです。

第6章

健康と美を保つたんぱく質

体とキレイは「たんぱく質」が作る

私は、かっこいいことが大好きです。いじましいことは大嫌い。最後まで気取っていたいと思います。そのために片付けること、働くこと、食べること、付き合うこと……。今日という日を大切に、毎日、全力疾走です！

２０２０年の４月にコロナ禍で料理教室をクローズして、毎月、生徒さんに手紙を送りました。２０２２年の９月に再開の旨をお知らせしていましたが、パンデミックは収まる気配もみえず、再開延期のお知らせを電話で伝えようと思いました。こんなときだからこそ、生徒さんひとりひとりと直接お話をすることが大切だと思ったのです。博多のお盆の8月15日の土曜日、16日の日曜日なら在宅の人が多いかなと考え、私ひとりで１４０人全員に電話をかけることにしました。

「あっ、村上先生ですか⁉ 今、砂場で孫を遊ばせているところです。携帯の先生のお声はトーンが高くて明るいですね。お元気そうなのが伝わります」と、女性合唱団の指揮者をなさっている生徒さん。認知症が進行したご主人のことで、2時間の電話をした生徒さんも。みなさん、気が晴れたと、おっしゃいます。

話を最初に戻します。私は朝5時に起きたら、まず室内を掃除します。がらんどうの部屋ですが、掃除機をかけて絞った雑巾を挟んだモップで拭いて2000歩です。アンティークの丸テーブルのガラス製のカバーを取り、固く絞った布巾でゴシゴシと磨く。これで背中はポカポカになります。体温を上げるエネルギーは、たんぱく質からできるもの。スタスタ歩けるのは骨格筋のおかげなのです。

私たちの体は、約10万種類ものたんぱく質で構成されています。たんぱく質はアミノ酸が多数結合した高分子の化合物です。ヒトの体を構成するアミノ酸は20種類。その種類や量、組み合わせによって、性質や働きの異なるたんぱく質が作られるのです。

たんぱく質は私たちの体の骨格筋や筋肉、皮膚、毛髪、内臓、血液、ホルモンなど……あらゆる組織を構成する材料となります。血色がいい、髪につやがある、歩く速度が速いなど、外見のキレイや若さ、元気の元はたんぱく質です。

どの組織のたんぱく質も分解と合成を繰り返しながら一定量を保っています。食事で摂ったたんぱく質も体のたんぱく質と同様にアミノ酸に分解され、アミノ酸プールに入り、新しいたんぱく質の合成に利用されます。

一日に必要なたんぱく質の量を知っていますか？

たんぱく質が大切だということはみなさま、ご存知ですよね。それでは、自分はどれくらいのたんぱく質を摂ればよいか、わかりますか？

自分の体重×１・５パーセントが、１日に必要なたんぱく質の量です。体重50kgの人なら50×１・５パーセント＝75gが一日に摂りたい、たんぱく質の量です。

50歳を過ぎるころから、筋肉の分解速度が早まるといわれています。寝たきりになるなんて勘弁願いたいですね。私が心がけているのは、①筋肉を増やす。②骨量を減らさない。③免疫力アップ、の３つです。①②③のすべてに関わっているのが、たんぱく質なのです。

日本ではこれまで40年近く、体重１kgあたりたんぱく質１g摂取を目安としてきました。一方、高齢化が進むにつれ、フレイル（健康と要介護の間の虚弱な状態のこと）の人が増えています。医学の世界では、たんぱく質は、これでは不足なのではないか、といわれていましたが、根拠となるデータがなかったのです。

２０１３年、血の繋がった祖母、母、娘三世代、合計約２万１０００人の研究結果（※注１）が発表されました。

２０２０年、世界各国や日本のさまざまな研究データを元に、日本人の食事摂取基準が5年ぶりに見直されました。注目すべきは50歳以上の「たんぱく質摂取の目標量（下限値）」が引き上げられたことです。

私が一日に食べているたんぱく質の食材は、次のようになります。カッコ内の数字は、含まれるたんぱく質重量です。

※注1　参考文献『Kobayashi S, Asakura K, Suga H, Sasaki S. High protein intake is associated with low prevalence of frailty among old Japanese women: a multicenter cross-sectional study. Nutr J 2013; 12: 164』

①牛赤身ひき肉50g（8・6）、②鶏胸肉（皮なし）１００g（19・2）、③青魚／サバ80g（14・2）、④木綿豆腐１００g（6・7）、⑤納豆１パック／35g（5・1）、⑥卵２個／１００g（12・2）、⑦牛乳１カップ／２１０g（6・3）。合計すると、たんぱく質72・３gの摂取です。

起床時は、ミルクティーを２杯（牛乳1カップ）。朝食は煮卵１個、納豆１パック、みそ汁（牛ひき肉50gと野菜１００gの冷凍パック）。昼食はコンビニ弁当／サバ80g、鶏の唐揚げ（鶏胸肉50g）。夕食は冷や奴（木綿豆腐１００g）、サラダチキン（鶏胸肉50g）、煮卵１個。納豆や卵、毎日同じ食材ですが、辛子やワサビ、ゆずごしょうなどを足して、味を変えて食べる工夫をしています。

電子レンジを使った〝マグカップクッキング〟誕生

私たちの体の中では、絶え間なく合成と分解のサイクルが続いています。食べているからこそ、ケガをしても傷が治り、活性酸素や有害物質に出合っても修復され、病気になっても回復するのです。生きているという流れを止めないために、食べ続けなければなりません。

夫が天国に旅立ったとき、私は72歳でした。食への関心が薄れたことがありましたが、こんな状態を見たら彼は悲しむに違いない、と思い返し、台所の働き方改革を実行。生まれたのが、〝凍ったますぐ使える１人分冷凍パック〟です。

２０１９年、テレビ番組「徹子の部屋」に出演しました。自宅の生活ぶりをスマホにおさめて、打ち合わせのため上京。担当者が、冷凍庫に入っている〝たんぱく質食材50ｇと野菜１００ｇを切って詰めたジッパー袋〟をご覧になって、お肉好きの徹子さんにムラカミ流マグカップクッキングで、１人分のビーフシチューを実演することになりました。

当日、徹子さんと私が並んで椅子にかけ、横のテーブルには電子レンジが１台。❶マグカップに水１５０㎖を注ぐ。❷ビーフシチュールウ（フレーク）大さじ１を加える。❸一口大に切った牛肉50ｇを先に入れて水に沈め、じゃがいも、にんじん、玉ねぎ、さやいんげん、合わせて１００ｇを加える。❹ラップはかけずに電子レンジ６００Ｗで８分加熱する。受け皿にのせ、スプーンを添えて徹子さんに渡します。「何とおいしい！　お肉がふっくら煮えている。私、にんじんは普段いただきませんの。でも今日は食べてみますね」とのコメント。マグカップクッキングが世に出た瞬間でした。

　後日、福岡のスーパーで買い物をしていると、「お母さーん、『徹子の部屋』の人がいるよー」と、お客様。私と同年代のそのお母さんと２ショットで写真を撮ります。バスに乗れば、後方の座席のお客様が駆け寄ってきて、「あのテレビ以来、ビーフシチュー用の冷凍パックを常備しています。私の豪華なお昼ごはんです」と、お声がけをいただきました。

　村上祥子料理教室in福岡のレッスンでも取り上げました。冷凍庫にたんぱく質食材50ｇと野菜１００ｇのセット20個をストック。マグカップ20個も取り揃え、それぞれ、好きな味でレンチンします。「エッ、凍ったこんにゃくが入っていた。だけど、シコシコしておいしいわ！」と、好評だったメニューをお目にかけます。

お肉がふっくらホロホロ〝ビーフシチュー〟

【材料1人分】
牛肉（焼肉用）50g／水150㎖／ビーフシチュールウ（フレーク）大さじ1／野菜100g〈玉ねぎ⅕個（40g）、にんじん2㎝分（20g）、じゃがいも小½個（40g）、さやいんげん1本〉

【作り方】
❶牛肉は3㎝角に切る。野菜は食べやすい大きさに切る。
❷マグカップに水を注ぎ、ハヤシルウを入れて混ぜ、牛肉を先に、野菜を後から加える。噴きこぼれたときの用心に、受け皿にのせる。
❸電子レンジ600Wで8分加熱する。ひと混ぜしていただく。
※シチューの場合は、噴きこぼれないように少し大きめの500㎖マグカップを使う。

Q　煮込んでいないのに、じゃがいもにしっかり火が通っているのはなぜ？

A　鍋で煮込む場合は、食材の外側から徐々に熱が伝わります。つまり、時間をかけないと中まできちんと火が通らないことがあります。電子レンジの場合は、内も外も食材全体が一様に加熱されるため、短時間で火が通るのです。

蒸し器がなくてもできちゃう〝茶わん蒸し〟

【材料1人分（マグカップ容量260㎖）】

卵1個／Ⓐ〈水120㎖、和風だしのもと小さじ¼、みりん小さじ1、しょうゆ小さじ½、塩少々〉／生しいたけ1枚（20g）／かまぼこ2切れ（10g）／みつば1本（2㎝長さに切る）

【作り方】

❶ボウルにⒶを合わせて混ぜる。割りほぐした卵を加えて混ぜ、卵液を作る。

❷しいたけは軸を取り、笠に放射状に3本切り込みを入れて飾り切りをする。
❸マグカップに❷とかまぼこを入れ、❶を加えて、ラップをぴったりとかける。
❹アルミホイル（10×10㎝）を用意し、中央に直径4㎝くらいの丸い穴をあけ、❸のカップにかぶせる。
❺電子レンジ600Wで2分加熱する。1分50秒くらいたったら取り出し、ラップの上から見て、ゆるいときはさらに30秒～1分加熱する。
❻取り出して、みつばをのせる。

もっちりほっこり〝山菜おこわ〟

【材料1人分（マグカップ容量340㎖）】
もち米⅓合（50g）／Ⓐ〈水60㎖、めんつゆ（3倍濃縮）小さじ1、山菜（水煮）50g〉／いりごま（白）少々／紅しょうが少々

【作り方】

❶もち米は水洗いして水気を切り、マグカップに入れ、Ⓐを加えて混ぜ、山菜をのせる。ラップを米の面に張り付けるようにのせ、余分は側面をはわせて外にたらす。

❷電子レンジ600Wで3分加熱する。沸騰してきたら弱（150〜200W）、または解凍キーに切り替えて12分加熱する。レンジおこわは蒸らし時間不要。

❸すぐ取り出して混ぜ、いりごまと紅しょうがをのせる。

ごはんがどんどんすすむ〝肉豆腐〟

【材料1人分（マグカップ容量400㎖）】

牛小間切れ肉50g／長ねぎの白い部分½本分（幅7〜8㎜の斜め切り）／長ねぎの青い部分少々（斜め薄切り）／木綿豆腐200g（4等分に切る）／Ⓐ〈めんつ

ゆ（3倍濃縮）大さじ1、砂糖大さじ1、片栗粉小さじ½〉

【作り方】

❶牛肉は5㎝の長さに切り、Ⓐを加えて絡める。

❷マグカップに豆腐を入れ、❶をのせ、長ねぎの白い部分を上にのせる。

❸ラップをかけ、電子レンジ600Wで6分加熱する。取り出して長ねぎの青い部分をのせる。

さっぱり、でもコクもある〝サケのレモン&チーズ蒸し〟

【材料1人分（マグカップ容量500㎖）】

甘塩サケ1切れ（70g）／にんじん3㎝分（30g）／玉ねぎ¼個（50g）／セロリ5㎝分（5g）／セロリの葉少々／レモンの輪切り1枚／バター大さじ1／レモンの搾り汁小さじ1／ピザ用チーズ大さじ1

【作り方】

❶サケは2つに切り、皮に切り目を入れる。

❷にんじん、玉ねぎ、セロリは細切り、または薄切りにする。

❸マグカップに❷を入れ、❶をのせ、レモンの輪切り、バター、レモンの搾り汁、ピザ用チーズをのせる。

❹ふんわりとラップをかけ、電子レンジ600Wで3分加熱する。

日本生まれの〝ドライカレー〟も簡単に

【材料1人分（マグカップ容量500㎖）】

ごはん茶わん1杯（150g）／豚ひき肉100g／ピーマン1個（30g）／玉ねぎ1/6個（30g）／Ⓐ〈カレールウ1/2かけ（10gを刻む）／水大さじ2〉

【作り方】

❶ピーマンと玉ねぎはみじん切りにする。
❷マグカップにⒶを入れ、豚ひき肉を加えて絡ませ、ごはんを入れ、❶を加える。
❸ラップをかけ、電子レンジ600Wで5分加熱し、取り出して混ぜる。

冷めてもおいしい〝イワシの梅煮〟

【材料1人分（マグカップ容量300㎖）】
イワシ1尾（正味100g）／Ⓐ〈めんつゆ（3倍濃縮）大さじ1、酢小さじ1〉／梅干し1個／しょうが（皮付き薄切り）3枚

【作り方】
❶イワシはうろこと頭を落として内臓を取り除き、水洗いしてペーパータオルで水気を取り、4つに切る。皮に斜めに切り目を入れる。
❷マグカップにⒶを入れて混ぜ、❶を加え汁をかけ、梅干しとしょうがをのせる。

❸ラップを張り付けるようにのせ、電子レンジ600Wで2分加熱する。

栄養たっぷりの〝ソーセージポトフ〟

【材料1人分（マグカップ容量360㎖）】
じゃがいも½個（75g）／キャベツ1枚（50g）／ウインナーソーセージ3本（45g）／水150㎖／コンソメ（顆粒）小さじ¼／粒マスタード少々

【作り方】
❶じゃがいもは皮をむいて2等分し、キャベツは4等分して重ね、くるくると巻く。ソーセージは皮に切れ目を入れる。
❷マグカップに水とコンソメを入れ、❶を加え、ラップをかけ、電子レンジ600Wで6分加熱する。
❸取り出して粒マスタードを添える。

第7章

買ったお総菜にひと手間かける

市販のお総菜に野菜を足してヘルシーメニューに

一から料理を作るのは、もちろんいいことです。だけど、スーパーやお総菜屋さんで好きなおかずを買って手抜きをするのも、おひとりさまごはんには上等な方法だと思います。

先日も、八宝菜1人分パックを買っていたら、「エッ、お料理の先生もお総菜を買うのですか？」と、傍《かたわ》らの方がビックリされていました。

市販のおかずは、一口目でおいしいと感じてもらえるように、味が濃くできています。だから、冷蔵庫にあるキャベツや小松菜、ほうれん草などの野菜を切って、買ってきたおかずと一緒にレンチンしましょう。

やり方はいたって簡単です。耐熱皿（模様のあまりない洋皿やスープ皿）に切った野菜を置き、その上にふたを取ったおかずを容器ごとガバッとひっくり返してのせます。ほら！　容器の底には「レンジＯＫ」と、刻印されているでしょう。これでラップ不要です。レンジ使用がＯＫでない容器のときは、容器の代わりにラップをかけてくださいね。

野菜を足しただけで塩味がほどよくなり、野菜多めのおかずに変身します。

購入した八宝菜１人分パックの中身は、焼き豚、えび、うずらの卵、きくらげ、しいたけ、にんじん、たけのこ水煮、ベビーコーン、玉ねぎ、キャベツと、なんと10種類の食材が入っていました。おひとりさまでは、こんなに揃えられませんからね。

八宝菜 ＋ キャベツ

【材料1人分】
キャベツ2枚（100g）／八宝菜（市販品）1パック（100g）

【作り方】
❶耐熱皿にちぎったキャベツをのせる。
❷八宝菜のふたを取り、容器ごと返して、❶にのせる。
❸電子レンジ600Wで3分加熱する。
❹取り出して、容器をはずす。

えびチリ ＋ にら

【材料１人分】

にら１把（１００ｇ）／えびチリ（市販品）１パック（１００ｇ）

【作り方】

❶にらは３㎝の長さに切り、耐熱の器にのせる。

❷えびチリのふたを取り、容器ごと返して、❶にのせる。

❸電子レンジ６００Ｗで３分加熱する。

❹取り出して、容器をはずす。

01 麻婆豆腐 ＋ なす

【材料1人分】

なす1本（100g）／麻婆豆腐（市販品）1パック（100g）

【作り方】

❶なすは輪切りにして、耐熱の器にのせる。

❷麻婆豆腐のふたを取り、容器ごと返して、❶にのせる。

❸電子レンジ600Wで3分加熱する。

❹取り出して、容器をはずす。

01 鶏の唐揚げ ＋ じゃがいも

【材料１人分】

じゃがいも小１個（80g）／鶏の唐揚げ（市販品）２個（１００ｇ）

【作り方】

❶じゃがいもは皮をむいて一口大に切り、耐熱の器に入れる。

❷鶏の唐揚げを❶の上にのせる。

❸ふんわりとラップをかけ、電子レンジ６００Ｗで３分加熱する。

※唐揚げの油分と塩分がほどよくじゃがいもにまわり、おいしく食べられる。

酢豚 ＋ 玉ねぎ

【材料１人分】

玉ねぎ½個（１００ｇ）／酢豚（市販品）１パック（１００ｇ）

【作り方】

❶玉ねぎの皮をむき、４つに切り、耐熱の器に入れる。

❷酢豚のふたを取り、容器ごと返して❶にのせる。

❸電子レンジ６００Ｗで３分加熱する。

❹取り出して、容器をはずす。

※酢豚の油と甘酢あんが玉ねぎにまわり、増量にもなり、食べ応えもアップする。

筑前煮 ＋ 水

【材料1人分】
筑前煮（市販品）１パック（１００g）／水大さじ2

【作り方】
❶筑前煮の容器のふたを取り、水をかける。
❷ふんわりとラップをかけ、電子レンジ６００Wで2分加熱する。
❸取り出してラップをとり、水を捨てる。
※味をそこなわずやや軽くなり、おいしく食べられる。

ひじき煮 ＋ 水

【材料1人分】

ひじき煮（市販品）1パック（60g）／水大さじ2

【作り方】

❶ひじき煮の容器のふたを取り、水をかける。

❷ふんわりとラップをかけ、電子レンジ600Wで1分加熱する。

❸ラップをとり、調味料と油が溶け出た水は捨てる。

※味をそこなわずやや軽くなり、おいしく食べられる。

大根の切り干し煮 ＋ 水

【材料1人分】

大根の切り干し煮（市販品）1パック（60g）／水大さじ2

【作り方】

❶大根の切り干し煮の容器のふたを取り、水をかける。

❷ふんわりとラップをかけ、電子レンジ６００Ｗで1分加熱する。

❸ラップをとり、水を捨てる。

※味をそこなわずやや軽くなり、おいしく食べられる。

おでん ＋ ほうれん草

おでんの材料は、ほとんどがたんぱく質食材ですから、野菜不足は否めません。そこで、ほうれん草や小松菜など、青菜を加えるだけの簡単メニューです。

【材料１人分】

おでん（市販品）１パック（煮汁含め５００ｇ）／ほうれん草１００ｇ

【作り方】

❶おでんは、あればレンジ対応の小鍋に移す（ゆで卵はレンジで温めるとハジけるので、２㎝ほど白身に切り目を入れる。ラップをして、電子レンジ６００Ｗで10分加熱する）。

❷ほうれん草は洗って耐熱容器に入れ、ふんわりとラップをかけ、電子レンジ６００Ｗで２分加熱する。

❸取り出してさっと水にくぐらせて色止めし、軽く絞って４～５㎝長さに切り、おでんの鍋に加える。

第8章 肉食の人は元気で長生き

高齢者でも肉食人間は元気はつらつ

福岡の家の近所に、修道院があります。そこの神父様は90歳を超えましたが、いつも元気はつらつ。テニスも上手で、教会に通っている知人のご子息は神父様の手ほどきを受けて、見事に腕を上げました。そして、テニス大好き坊ちゃんに成長しています。

神父様は、体格も大変よいのです。若いときは１９０㎝を超えていらしたとか。さすがにいまは縮みましたが、まだ１８０㎝は優に超えています。修道院で肉の摂取は難しいのですが、乳製品や豆類は、ふんだんに召し上がります。たんぱく質が不足すると元気に動けないのだそうです。

元気の元となるたんぱく質が多い食材は、何といってもお肉！　最近気が付いたことですが、鶏の照り焼きにしろ、チャーシューにしろ、ローストビーフにしろ、いったん作れば保存できます。

これからお話しするレシピの材料は、1人分ではありません。けれど一度作れば、少しずつ応用して食べ続けられることがわかったのです。

ローストビーフは材料費がかかりますが、私が元気でいるため、息子たちに迷惑をかけないために、おいしい投資と思って作っています。肉食人間は、元気はつらつな人が多いですよね。かくいう私も、そんなひとりです。

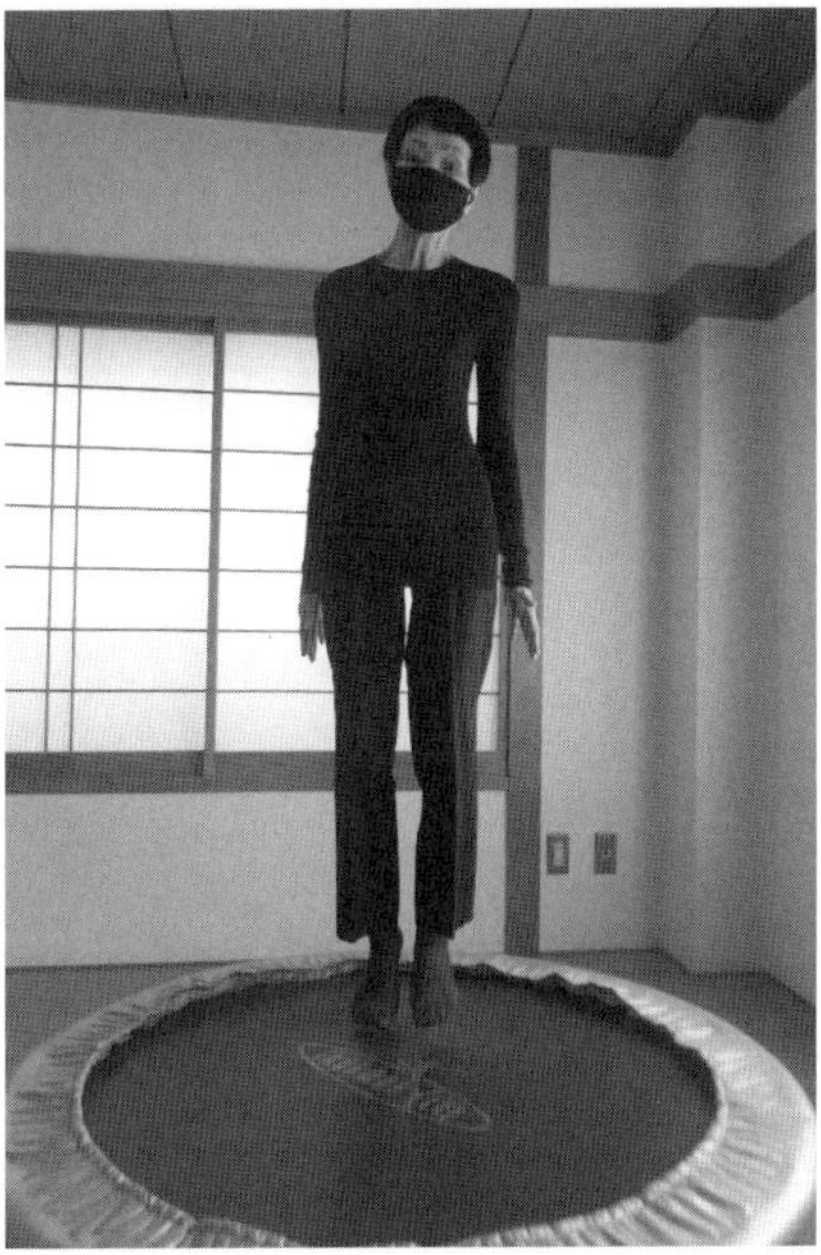

肉料理が大好きな村上祥子愛用のトランポリンで、跳んでいる姿をお目にかけます。トランポリンはバランス感覚を整え、足腰も鍛えられる。さらに、神経・血管系を活性化して、血流をよくする働きもあるとされる

写真提供／株式会社ムラカミアソシエーツ

電子レンジでできる〝鶏の照り焼き〟をテレビ公開

２０２３年２月、ＮＨＫの番組「あさイチ」に出演しました。テーマは「ツイＱ楽ワザ〝調理家電ならイッパーツＳＰ〟」、電子レンジでの出演です。「フライパンで油を使って焼かなくても、電子レンジでパリッと焼けた照り焼きができます」という設定です。

電子レンジ調理で、フライパンや鍋で加熱したものと比べて遜色ないのは、断トツ鶏肉です。鶏は牛や豚と比べて小ぶりなので、もも、胸、手羽の部位に分けても、どの部位も皮で覆われています。

けれど、牛も豚も毛を取った後は皮があり、皮を除いた残りが食材になります。皮の下に脂肪はありますが、熱で溶け出た脂肪を肉にまわしてくれる皮がないのです。そして肉の層が現れます。この後は内臓や腸管など、肛門まででおしまいです。

豚ロースの切り身でトンテキを作りたい！　と思ったら、まな板にのせ、キッチンペーパーで押さえて切断面の水気を取り、白い脂肪と赤身肉をつなぐ筋に3～4カ所、包丁の先で切り込みを入れます。これは焼いたとき、豚肉が反っくり返ったり肉側に丸まったりしないようにする、「筋切り」という下ごしらえです。けれど、鶏もも肉や胸肉なら、キッチンペーパーに挟んで水気を吸い取った後、まな板に皮を上にして置き、包丁の先で5～6カ所ブスブスと刺すだけです。これが、鶏肉の筋切りになります。皮とその下全体に広がっているコラーゲンの膜、脂肪があり、レンチンで溶け出て、肉を潤す仕掛けです。鶏肉の場合、筋切りとはいいません。焼き縮みを防ぐための作業なのです。

話が長くなりましたが、油を使用しないレンチンクッキングでも、鶏肉の照り焼きはパリッとおいしくできる！　そんなお話でした。

しっとりジューシー〝鶏の照り焼き〟

【材料2人分】

鶏もも肉1枚（300g）／Ⓐ〈しょうゆ大さじ2、砂糖大さじ2、おろししょうが小さじ1、片栗粉小さじ1〉／レタス2枚

【作り方】

❶鶏肉はキッチンペーパーに挟んで水分を取り、まな板に皮を上にして置き、包丁の先で5カ所、ブスブスと刺す。

❷耐熱ボウルにⒶを入れて混ぜ、❶を加えて両面に絡め、皮を下にして置く。

※写真には、レタスはありません。

❸ラップはしないで電子レンジ６００Ｗで６分加熱する。取り出して鶏肉を裏返し、皮を上にして置き直す。スプーンでたれをすくって鶏肉に塗る。

❹ラップはしないでさらに電子レンジ６００Ｗで１分加熱する。たれの塩分に電磁波が集中的に当たり、油を使わなくても焦げ目が付く。

❺一口大に切り、レタスを添えて器に盛る。

作りおきメニューにもなる簡単〝ローストビーフ〟

牛かたまり肉に油を塗って塩を振る魔法をかけます。すると、外はしっかり火が通り、中はレアに仕上がります。

【材料２人分】

牛ももかたまり肉（５㎝角棒状）３００ｇ／オリーブ油大さじ１／塩小さじ⅔／

黒こしょう少々／ガーリック（粉末）小さじ½

【作り方】

❶牛肉は30分ほど室温において戻し、加熱直前にキッチンペーパーで水分を取る。

❷耐熱ボウルにオリーブ油を入れ、❶をのせてまぶし、塩、こしょう、ガーリックを振ってまぶす。

❸時間をあけず、ラップをかけずに電子レンジ６００Ｗで2分加熱する。

❹一度取り出して、肉の上下を返し、再び電子レンジ６００Ｗで1分加熱する。

❺取り出してアルミホイルで包み、室温で30分ほど蒸らす。

【仕上げ】

❶ローストビーフを幅１㎝に切り分けて器に盛る。

❷耐熱ボウルにハヤシルウ（フレーク）大さじ1と水大さじ4を加えて電子レンジ６００Ｗで1分加熱してとろみを付け、ウスターソース大さじ1を加えたソースを添える。

❸トレビス（チコリの一種）½個の芯をはずして1枚ずつはがし、冷水でゆすいだ

ものを添える。

【食べ方】

❶パンに挟む

余ったローストビーフは冷蔵しておく。薄切りにしてブランパン（ふすまパン）に切り込みを入れ、マスタードを塗り、2つ折りにして、ブルーチーズと一緒に挟む。

❷牛肉のたたき

ローストビーフの作り方の❹まで終えて、すぐに氷をたっぷり入れたボウルに入れ、表面を手早く冷やす。芯まで完全に冷めたらキッチンペーパーで水気をとって、薄切りにする。せん切りの長ねぎや貝割れ菜を添え、ワサビとポン酢しょうゆを添える。

まろやかな甘みにはまる〝はちみつチャーシュー〟

たれに浸した豚肉は、電磁波が表面に集中的に当たり、焦げ目が付いておいしく仕上がります。けれどその分、肉の内部への加熱は時間が余分にかかります。

【材料2人分（作りやすい分量）】

豚肩ロースかたまり肉200g／Ⓐ〈おろししょうが小さじ1、みそ大さじ1、はちみつ大さじ1、しょうゆ大さじ1、豆板醤小さじ½〉／万能ねぎ2本

【作り方】

❶万能ねぎは斜めのせん切りにし、冷水に放し、水切りする。

❷ボウルにⒶを合わせ、豚肉を入れて絡ませ、ときどき上下を返し、10分ほどおく。

❸耐熱皿にクッキングシートを敷き、❷の豚肉をのせる。

❹電子レンジ庫内に１枚耐熱性の皿を置き（耐熱皿の底面が平らなとき、電磁波が裏側まで回らないため、底上げをする役割がある）、その上に❸をのせる。ラップをかけずに電子レンジ６００Ｗで６分加熱する。そのまま庫内に５分ほどおいて蒸らし、取り出して幅５㎜に切る。

❺器に❶を置き、チャーシューを盛る。

※写真では、パクチーとカラシを添えています。

みんな大好き肉汁たっぷり〝煮込みハンバーグ〟

最近のひき肉は健康志向の高まりで、赤身が多めで脂肪は少なめになっています。ポイントは、ひき肉生地をこねないこと！　やっとまとまる程度の混ぜ方でＯＫです。電子レンジ加熱では崩れることがないので、こねないほうがふっくらジューシーにできあがります。

おっと、言い忘れました。レンチンでハンバーグを作ると、焼くというより蒸し焼き、または煮込み風に仕上がります。

【材料１人分】
合いびき肉１００ｇ／Ⓐ〈卵½個、パン粉大さじ2、塩少々、こしょう少々〉／ソースⒷ〈トマトケチャップ大さじ2、ウスターソース大さじ2、水大さじ3〉

【作り方】

❶ボウルにⒶを入れて混ぜ、合いびき肉を加えて全体がなじむ程度に混ぜ、サラダ油（分量外）を付けた手でハンバーグ形にまとめる。

❷耐熱ボウルにⒷを入れて混ぜ、❶をのせ、スプーンでソースをすくって上からかける。

❸ふんわりとラップをかけ、電子レンジ600Wで2分30秒加熱する。

❹器に盛り、ボウルに残ったソースをかける。

※写真では、レタスを添えています。

COLUMN 5

電子レンジで気をつけたいこと

電子レンジは、ターンテーブルのあるタイプとないタイプがあります。種類によって、庫内での置き方を変える必要があります。使うときのテクニックに多少の違いがありますので、どちらのタイプかを確認してから料理を始めましょう。

❶ターンテーブルなしの場合＝食材は中央に

底部分から加熱のための電磁波が出るので、下側の火力が強くなりがちです。底側の火力が強いときは、耐熱の小皿を１枚置き、食材を入れた耐熱容器をのせて加熱するといいです。

❷ターンテーブルありの場合＝食材は端に

中央は電磁波がいちばん効きづらい場所なので、食材はターンテーブルの縁に沿って置きます。複数の場合は、ドーナツ状に置きます。ただし、煮物などの材料を入れた大きめのボウルは、中央に置きます。このタイプの場合も、耐熱の小皿を１枚敷いてください。

電子レンジを使うと、蒸発した水分や調味料が庫内に残って乾き、こびりついたりします。さびたり、加熱むらの原因になったりします。使ったらこまめに庫内を拭いておくと、長持ちします。

第9章

一日2個の卵で脳は安泰

いままで間違っていた卵の常識

「コレステロール値が高いので、卵は一日おきに1個のつもりで食べてください」。後期高齢者の検診で、お医者様に言われたあなた！　卵の摂取を控えることはありません。

　高知医科大学（現・高知大学医学部）の元学長で、神経精神医学の教授、池田久《ひさ》男《お》先生の長年の研究で、卵黄に含まれるコリンという成分は、認知症の予防・改善に役立つことがわかっています。コリンはリン脂質の一種で、摂取すると血管を拡張させ、血圧を下げてくれます。また、細胞膜や神経組織の材料になり、神経伝達物質、アセチルコリンとして記憶力を高める働きがあります。

　池田先生は、納豆の原料である大豆のコリンについても調べられています。認知機能アップを両コリンで調べたところ、１００ｇあたりのコリン含有量が多い卵黄に軍配が上がりました。

別の研究で、卵黄をビタミンB_{12}と一緒に摂ると、認知機能がさらに上がるということもわかりました。ビタミンB_{12}はイワシや牛、豚、鶏などのレバー、チーズなどに多く含まれています。私は、朝ごはんに卵とチーズの組み合わせが多いのですが、理にかなっていたわけですね。

卵黄コリンはコレステロールの一種です。卵黄に含まれるレシチンには、ＬＤＬ（悪玉コレステロール）を抑える働きがあります。

２０１５年、国は「日本人の食事摂取基準」から、コレステロールの摂取制限をはずしました。健常な人なら、一日1～2個の卵を食べても問題はないとしています。

卵料理を2～3種類、自分の得意料理にしておきましょう。80歳のおひとりさまごはんで、役立ってくれること間違いなしです。

水を入れるだけであら不思議！〝レンチン温泉卵〟

【材料1人分】

卵1個／水大さじ3～4

【作り方】

❶電子レンジで使えるコーヒーカップやマグカップを用意し、水を入れる。

❷冷蔵庫から出したばかりの卵を割り入れる。このとき、水が卵の上までできていることを確かめる。足りなければ水大さじ1～2を加える。ソーサーがあればのせる。ないときはふんわりとラップをかける。

❸電子レンジ600Wで50秒加熱する。1分加熱では湯温が上がって卵がはじけることが多い。

❹卵だけスプーンですくって、別容器に盛る。

※生卵の白身のズルッとした食感が苦手で、生まれたレシピです。

私好みで楽しめる〝とっておきの目玉焼き〟

ビタミンCを除けば、すべての栄養素を含んでいる卵。また、体内では作ることのできない必須アミノ酸9種類もすべて含み、アミノ酸スコア（またはプロテインスコア）が100の完全栄養食品が卵です。

ムラカミの朝ごはんのお友だちです。

【材料1人分】

卵2個（100g）／サラダ油ほんの少々

【作り方】

❶卵は、それぞれを小さなボウルに割る。

❷コンロに樹脂加工のフライパンをのせ、弱火で2分温める。キッチンペーパーに少量の油を付けて、フライパンの底を拭く。

❸❷に❶の卵を1個ずつ移し、ふたをして弱火で5分加熱する。ふたを取ってみ

て、白身は固まっていて黄身はとろりとした状態で火を止める。

ちょっと上級編に挑戦する〝だし巻き卵〟

だしたっぷりだから焼きたてはもちろん、冷めてもおいしく、作りおきおかずにもなります。巻くのではなく、卵を寄せながら厚みを出すやり方は、失敗しにくい方法です。冷蔵で4日間保存可能です。生徒さんからは、手土産に最高！との声が。

【材料2人分〈幅13㎝×長さ19㎝の卵焼き器1個分〉】
卵4個／だし汁½カップ／Ⓐ〈砂糖大さじ1、片栗粉小さじ1、塩小さじ¼、しょうゆ1～2滴〉／サラダ油適量

【作り方】
❶削りかつお小1袋（3g）に熱湯100㎖を注ぎ、1分おいて茶こしでこし、

だし汁をとる。

❷ボウルに冷ました❶を入れ、Ⓐを加え混ぜる。

❸別のボウルに卵を割りほぐし、❷を加え混ぜる。

❹卵焼き器に油を５㎜の深さまで流して温め、器にあける。

❺その油にキッチンペーパー２、３枚を丸めて浸し、卵焼き器に塗り、❸をお玉１杯分入れ、箸で混ぜて、半熟になったら奥へ寄せる。

❻空いた所に油を塗り、次の卵液を流す。寄せた卵の下に箸を差し込み、卵焼き器を奥が低くなるように傾けて、卵液を焼いた卵の下に流す。手前が半熟になったら奥へ寄せる。数回繰り返してある程度厚みが出たら、手前に２つ折りにして奥に寄せる。

❼卵液がなくなるまで繰り返し、最後は巻きすをかぶせて逆さに取り出し、輪ゴムで留め、数分おく。

❽好みで切り分け、器に盛る。あれば大根おろし、青じそなどを添えて、好みで大根おろしにしょうゆをかける。

COLUMN 6

電磁波ってなに？
電子レンジの原理を知ろう！

電子レンジは食品の持っている水分を、電磁波が揺り動かして加熱する調理器具です。電磁波という言葉に不気味な感じを受けますが、電磁波は空気中に流れる電気エネルギーのこと。テレビもスマホもラジオも、空を飛んでくる電磁波を利用したもの。タクシーの無線もJRや地下鉄の自動改札機も電磁波です。

電磁波は空気を波のような形で伝わり、波の山から山、谷から谷までの距離を波長と呼びます。電子レンジに使われる電磁波の波長は約13㎝で、テレビやラジオではさらに波長の長い電磁波が使われています。電磁波は電子レンジをはじめ、私たちの生活に深く関わり、私たちの生活をより便利にしてくれています。

日本では先進国に先駆けて一足早く、1970年6月に「電気用品取締法」に基づく省令が施行され、電子レンジの電磁波漏れに関する安全基準が定められました。現在は「電気用品安全法」に変わり、①扉を閉めたとき、漏えい電波の電力密度は5㎝離れで5mW/㎠以下、②扉が開くと自動停止、③10万回開閉後もこれらの基準を満たすこと、など。①の電磁波漏れに関しては、携帯電話や自動改札機などと同様に厳しく規制されています。

第10章

魚料理って意外に簡単

電子レンジは魚料理がとっても上手

戦争から戻った父親は疎開先にそのまま居続け、仕事をしないで先代の資産で食いつないでおりました。「ここにいては祥子ちゃんの嫁入り先もないことだし、そろそろ都会に出て商売でも始めては」と勧める人もあり、自身の生涯の趣味だった絵を描くことから思い立ち、戦後景気にわく北九州市の八幡製鐵所の街に出て画材店を始めました。社交的で明るく、話し上手な母の人気も手伝って、なんとか仕事が続きます。

小さな店に子どもの居場所はなく、ほかに一軒家を用意して、そこから両親が出勤した後はお手伝いさんと過ごします。お手伝いさんは下関市から魚の行商に来るおばさんからサバを仕入れ、「じょうちゃん、頭を落としてお腹をあけるとほら、今日は肝もプリッとして新鮮。ちっちゃいけれど、子も入っていますよ。ちょっと砂糖としょうゆで煮てあげますからね」「フーフーして、ほら、大丈夫。

食べてごらんなさい」と、私の口に入れてくれます。こうして、魚のさばき方も覚えていきました。

結婚して住んでいた大分市の山の上のアパートに、街から魚屋さんが軽トラックで上ってきます。東京から転勤で来た奥さんたちは「ムラカミさんが買ったものを私にもください」と、購入して各自の部屋に戻ります。私は買った魚をさばき、冷蔵庫に入れた後、包丁を持ってお隣のドアをノック。お隣が買ったサバの切り身をとった後、骨はバンバンと出刃でたたいて切り分け、塩を振ります。「夕ごはんの支度のとき、骨もさっと湯霜にして、大根と水から炊いておつゆにしてね。船場汁《せんばじる》ができますよ」と、こんな具合に私は出張料理人でした。

わが家の子どもたちが大学に進んだ後、3歳児のミニシェフクラブを福岡と東京、2カ所のスタジオで月ごとに交替で20年間続けました。最後の実習は、鯛1匹を下ろすこと。手にベタッと付いた血を恐がりもせず、子どもたちは不思議そうに眺めていました。私にとって、魚はとても身近な食材です。

電子レンジは魚料理が大変上手です。臭みもなく、アク引きも不要です。

ふっくら煮える〝カレイの煮つけ〟

【材料１人分】

子持ちカレイ１切れ（１２０〜１２５ｇ）／Ⓐ〈しょうゆ大さじ１、砂糖大さじ１、酒大さじ１〉／長ねぎ（白いところ）５㎝分／木の芽１枚

【作り方】

❶カレイは盛り付けたとき表になるほうの皮に、破裂防止のため、縦に１本骨に届くまで切り込みを入れる。

❷長ねぎは皮に切り込みを入れ、芯を除き、平らにして繊維に沿ってせん切りにし、水に放してざるへ上げる。

❸耐熱ボウルにⒶを入れて砂糖が溶けるまで混ぜ、❶を盛り付けたとき表になるほうを上にして置き、スプーンで調味料をかける。

❹ふんわりとラップをかけ、電子レンジ６００Ｗで２分30秒加熱する。

❺魚の煮えるいいにおいがして、加熱時間が終了したら魚卵に火が通っていることを確かめる。火が通っていなければ、10～20秒ずつさらに加熱する。器にカレイを盛り、煮汁をかけて❷をのせ、たたいた木の芽を置く。

※見た目上々に仕上げるために、皮に1本深く切り目を入れて、ハジケ防止をすることがポイント。

爽やかな風味を楽しむ〝イワシのしょうが煮〟

【材料1人分】

イワシ（頭と内臓を除く）中2尾（正味150g）／Ⓐ〈しょうゆ大さじ1、砂糖大さじ1、酢大さじ1〉／しょうが½かけ（10g）（せん切り）

【作り方】

❶イワシは、皮にハジケ防止の×の切り目を入れる。

❷耐熱ボウルにⒶを合わせ、❶を加えて全体に（尾の先まで）まぶし、しょうがをのせる。

❸ふんわりとラップをかけ、電子レンジ600Wで3分加熱する。

❹器にイワシを盛り、しょうがを添え、煮汁をかける。

※尾の先まで煮汁をまぶしておくと、耐熱ボウルに張り付かず、ちぎれずに形よく仕上がる。

うま味たっぷりの〝カキのアヒージョ〟

【材料1〜2人分（作りやすい分量）】

生カキ（生食用）200g／Ⓐ〈ニンニク1かけ、赤唐辛子1本、ローリエ1枚〉／オリーブ油大さじ2

【作り方】

❶カキはざるに上げ、水を切る。

❷耐熱容器に入れ、カキの破裂防止に包丁の先でブスブスと刺し、Ⓐを加えて、オリーブ油を回しかける。

❸ふんわりとラップをかけ、電子レンジ600Wで2分加熱する。

※200g2分の加熱で、カキはフレッシュ感を出したい。

教室でも大人気の〝サケのせんべいムニエル〟

【材料1人分】

サケ（甘塩）1切れ（100g）／キャベツ1枚（50g）／じゃがいも⅓個（50g）／揚げせんべい（市販品）20g／Ⓐ〈オリーブ油小さじ2、おろしニンニク小さじ½、塩・こしょう各少々〉／レモン（くし形切り）1個

【作り方】

❶キャベツは3～4㎝角にちぎる。じゃがいもは皮をむいて切る。

❷サケはキッチンペーパーに挟んで表面の水分を除き、ハジケ防止に皮に切り目を入れる。

❸ポリ袋に揚げせんべいを入れ、麺棒でたたいて細かく砕く。袋の閉じ目を切って開き、上に❷をのせて、両面にまぶす。

❹耐熱ボウルに❶を置き、混ぜ合わせたⒶをかける。❸をのせ、ふんわりとラップをし、電子レンジ600Wで4分加熱する。

❺取り出して器に盛り、❶とレモンを添える。

プリプリ食感がたまらない〝えびチリ〟

【材料1人分】

無頭エビ10尾（100g）／長ねぎ（白いところ）10㎝分／Ⓐ〈ニンニク（すりおろし）小さじ¼、トマトケチャップ大さじ3、水大さじ3、酒大さじ½、片栗粉小さじ½、ごま油小さじ1、豆板醤小さじ¼〉／きゅうり½本（乱切り）

【作り方】

❶エビは殻の背にはさみで切り目を入れ、背わたを除く。尾は斜めに切る。足は落とす。長ねぎは幅1㎝の斜め切りにする。

❷耐熱ボウルにⒶを合わせ、エビと長ねぎを加えて混ぜる。ふんわりとラップをかけ、電子レンジ600Wで4分加熱する。

❸器に盛り、きゅうりを添える。

※油は風味付け程度にしか使わないので、ヘルシーさも満点！

艶々と輝くシンプルな〝イカの艶煮〟

【材料（作りやすい分量）】
イカ１杯（正味２００ｇ）／Ⓐ〈しょうゆ大さじ１、砂糖大さじ１〉／Ⓑ〈片栗粉小さじ½、水小さじ１〉／かぼす（輪切り）１枚

【作り方】
❶イカの胴は幅１cmの輪切りにし、下足《ゲソ》は２〜３本ずつ付けて切りはなし、それぞれを５〜６cm長さに切る（破裂防止の切り目入れは不要）。
❷耐熱ボウルにⒶを合わせ、❶を加えて混ぜる。ふんわりとラップをかけ、電子レンジ６００Ｗで２分加熱する。
❸取り出して、Ⓑを煮汁に加えて混ぜ、とろみをつける。
❹器に盛り、かぼすの輪切りを添え、いただくときに搾る。
※イカは脂肪がなく高タンパク食材。レンジ加熱は１００ｇ１分で、悪玉コレス

テロール排出効果のあるタウリンを豊富に含む。血栓症の予防にもよい。

調味料いらずの速効メニュー〝アサリの酒蒸し〟

【材料１人分】

アサリ（砂抜き済み）２００ｇ／酒大さじ１／レモン（くし形切り）１個

【作り方】

❶アサリはボウルに張った水の中で、殻同士をこすり合わせて洗い、ざるへ上げる。

❷耐熱ボウルに入れ、酒を回しかけ、ふんわりとラップをかける。

❸電子レンジ６００Ｗで２分加熱し、貝の口が全部開いたら取り出す。

❹器に盛り、くし形のレモンを添える。

※アサリは塩分濃度が約３パーセントの海水の中で生息しているので、調味料いらず。また、アサリのコハク酸はうま味成分。

おひとりさまの鍋料理は電子レンジで〝タラちり〟

【材料１人分】

タラ（甘塩）１切れ（70g）／木綿豆腐１００ｇ／長ねぎ１本（１００ｇ）／えのきたけ１パック（１００ｇ）／水１カップ／ポン酢しょうゆ適量／薬味〈大根おろし50g、一味唐辛子少々（混ぜる）〉

【作り方】

❶タラは皮に×の切り目を入れ、豆腐は２つに切る。

❷長ねぎはせん切り（白髪ねぎ）にする。えのきたけは根元を落として長さを半分に切り、ほぐす。

❸耐熱の器に❶、❷を入れ、水を注ぐ。ふんわりとラップをかけ、電子レンジ６００Ｗで６分加熱する。

❹取り出して、ポン酢しょうゆと薬味を添え、つけていただく。

第11章

お正月はやっぱりおせちが食べたい！

2時間でできるおひとりさまおせち

おひとりさまでも、お正月はおせち料理が食べたい！　こんな思いも材料さえ用意しておけば、9品のおせち料理がわずか2時間（下準備を除く）で完成します。その秘密は、2人で2日間いただけば無くなる、少量であること。そして、電子レンジのスピードテクを随所に使うこと。

スピード、味、見た目に優れた「三方良し」のおせちを作ります。

祝　肴／①数の子　②黒豆　③田作り

口取り／④伊達巻き　⑤紅白なます　⑥栗きんとん　⑦飾りかまぼこ

煮　物／⑧筑前煮

酢の物／⑨酢ばす

透き通った黄金色が美しい〝数の子〟

電子レンジをだし取りに使います。冷蔵で1週間保存できます。

【材料2人分×2日間】

塩数の子100g／Ⓐ〈だし1カップ、酒大さじ1、しょうゆ大さじ1、砂糖大さじ1〉／赤唐辛子1本（2つに切って種を出す）（好みで）／削りかつお（糸がつお）少々／木の芽少々

【作り方】

❶水2カップに塩小さじ½（分量外）を入れて溶かし、数の子を浸して一晩冷蔵する。水を切り、数の子の表面を親指の腹で軽くこするようにして薄皮をむき、くし目の間の薄皮も竹串を使って取る。

❷耐熱ボウルにⒶを合わせ、混ぜて砂糖を溶かし、❶を漬け、ふたをして常温に1時間おく。冷蔵庫に入れて一晩寝かせると、なおおいしくなる。

❸一口大に切って器に盛り、好みで赤唐辛子を入れる。削りかつお、木の芽をのせる。

※数の子のおいしさの決め手、だしの作り方も紹介します。

【材料（出来上がり300㎖分）と作り方】

❶耐熱カップに削りかつお小1袋（2・5g）を入れ、水320㎖を注ぐ。

❷電子レンジ600Wで3分加熱し、こす。

絶対失敗しない甘納豆を使った〝黒豆〟

煮豆を乾かし、グラニュー糖をまぶしたものが甘納豆。逆をいけば、煮豆ができます。電子レンジでさっと煮を作ります。

【材料2人分×2日間】

甘納豆（黒豆）、またはミックス甘納豆100g／水100㎖／Ⓐ〈砂糖大さじ2、しょうゆ小さじ1〉

【作り方】

❶耐熱ボウルに甘納豆を入れ、水を注ぎ、Ⓐを加えて混ぜる。

❷落としぶた代わりにラップをじかに張り付けるようにのせ、余った分はボウルの縁に沿わせるようにかぶせる。

❸電子レンジ６００Ｗで２分加熱し、取り出して冷めるまでおく。

豊富な栄養をまるごと摂取できる〝田作り〟

焙烙《ほうろく》やフライパンでつきっきりで煎る作業を、電子レンジではわずか1分の加熱で完成します。

【材料２人分×２日間】

田作り（ごまめ）、または食べる煮干し30g／Ⓐ〈砂糖大さじ1、しょうゆ大さ

じ1、酒大さじ1〉／赤唐辛子（輪切り）少々（好みで）／いりごま（白）少々

【作り方】

❶耐熱皿に田作りを広げ、ラップはしないで電子レンジ６００Wで1分加熱する。

❷直径20㎝ほどの耐熱ボウルにⒶを入れ、ラップはせずに電子レンジ６００Wで2分加熱する。

❸❷に❶を加えて絡め、好みで赤唐辛子を入れる。クッキングシートを敷いた皿に広げ、ごまを振り、冷ます。

シンプルで奥深い味わいの〝伊達巻き〟

魚のすり身の代わりにはんぺんを使った厚焼き卵を、熱いうちに巻き締めたものです。電子レンジの追い加熱で作ります。

【材料2人分×2日間】

はんぺん1枚（110g）／卵3個／砂糖大さじ2／塩少々

【作り方】

❶ポリ袋にはんぺんを入れ、その上から麺棒やすりこ木でたたいてつぶし、そのあと転がしてペースト状にする。または、フードプロセッサーにかける。

❷ボウルに❶を移し、卵、砂糖、塩を加えて滑らかになるまで混ぜる。

❸フライパンにクッキングシートを敷き、❷を流し入れ、ふたをして弱火で10分焼く。

❹クッキングシートごと取り出して耐熱皿にのせ、ふんわりとラップをかぶせ、電子レンジ600Wで1分加熱する。

❺ラップをはずし、焼き色が付いている面を上にしてまな板にのせ、周りを切り落として四角形にする。切れ端は中央にのせて芯にしてくるくると巻き、ラップまたは巻きすでさらに巻き、輪ゴムで止める。

❻冷めたら、幅1㎝に切り分ける。

水引を表し平和も願う〝紅白なます〟

重石代わりに、電子レンジにかけます。ふたをして冷蔵すれば、1週間保存できます。

【材料2人分×2日間】
大根200g／にんじん30g／塩小さじ½／Ⓐ〈砂糖大さじ3、酢大さじ3、水大さじ1、塩小さじ⅕〉

【作り方】
❶大根は幅5㎜の薄切りにしてから重ね、斜めに幅5㎜の細切りにする。にんじんは繊維に沿って幅2㎜ほどの薄切りに、さらに繊維に沿ってせん切りにする。
❷耐熱ボウルに❶を入れ、塩を加えて混ぜ、ラップはしないで電子レンジ600Wで30秒加熱する。取り出して固く絞る。
❸保存容器にⒶを合わせて砂糖を溶かし、❷を加えて混ぜる。

栗の甘露煮を使えば簡単にできる〝栗きんとん〟

さつまいもに水を加えて加熱します。短時間がウリの電子レンジ調理なのに、水を加えることで加熱時間がかかりますが、さつまいもに含まれる糖化酵素が働いて甘味が増し、あく抜きの役割も果たします。冷蔵で1週間保存可能です。

【材料2人分×2日間】
さつまいも1本（正味200g）／Ⓐ〈栗の甘露煮のシロップ¼カップ、水¼カップ、砂糖½カップ、塩ひとつまみ〉／栗の甘露煮100g（約8個）

【作り方】
❶さつまいもは両端を切り落とし、ピーラーで黒い芽の跡が見えなくなるまで皮をむく。幅3㎝の輪切りにし、水に放す。
❷耐熱ボウルに❶の水気を切って移し、水1カップ（分量外）を注ぎ、ふんわりとラップをかけ、電子レンジ600Wで6分加熱する。

❸竹串がさつまいもにスッと通るようになっていたら湯を捨て、マッシャーでつぶす。Ⓐを加えラップをかけ、電子レンジ６００Ｗで３分加熱する。取り出して泡立て器で混ぜ、ラップを戻し、電子レンジ６００Ｗで２分加熱し、取り出してもう一度混ぜる。

❹栗の甘露煮は好みのサイズに切って❸に加えて混ぜ、冷ます。

明太子と青じそとの相性ぴったり〝飾りかまぼこ〟

具は加熱不要のものだけで作ることができるので、簡単です。明太子の辛みがアクセントになって、美味。

【材料２人分×２日間】

紅白かまぼこ各１本／辛子明太子（ほぐしたもの）大さじ１／パセリ少々／柚子（薄切り）２枚（８個に切る）／青じそ２枚（８つに切る）

【作り方】

❶かまぼこは板付きのまま、紅白ともに端から7㎜のところに深さ1・5㎝ほどの切れ目を入れ、そこからさらに7㎜幅のところで板から切り離す。同様にして各約8つに切る。

❷紅かまぼこに辛子明太子を挟み、パセリを添える。

❸白かまぼこには柚子と青じそを挟む。

鶏肉と野菜のうま味がミックスした〝筑前煮〟

れんこん、里いも、にんじん、しいたけ、鶏肉を一緒に煮上げた煮物です。多種類の野菜を集める手間を省いて、冷凍和風野菜ミックスを使います。電子レンジ加熱で一度水分を抜いて調味すると、おいしく仕上がります。

【材料2人分×2日間】

和風野菜ミックス（冷凍）1パック（300g）／鶏もも肉200g／Ⓐ〈しょうゆ大さじ2、砂糖大さじ2、酒大さじ2〉／Ⓑ〈片栗粉小さじ1、水小さじ2〉／さやいんげん（ゆでたもの）4本（3㎝長さに切る）

【作り方】

❶鶏肉は10個に切り、Ⓐを加えて混ぜる。

❷耐熱ボウルに冷凍和風野菜ミックスを入れて、❶を加え、落としぶた代わりにラップを張り付けて、ふんわりとラップをかけ、電子レンジ600Wで10分加熱する。

❸取り出してⒷを合わせて加え、とろみをつける。

❹器に❸を盛り、さやいんげんを添える。

サクサクで甘酸っぱい食感が絶妙な〝酢ばす〟

清らかさを表す白色に仕上げます。電子レンジにかけて漬け込み時間を短縮すれば、簡単にできます。

【材料２人分×２日間】

れんこん１００ｇ／水１カップ／酢大さじ１／Ⓐ〈酢大さじ４、砂糖大さじ４、水大さじ２、塩小さじ1/4〉／赤唐辛子（小口切り）少々（好みで）

【作り方】

❶れんこんは皮をむき（大きいものは縦２つに切る）、２㎜幅の薄切りにする。水と酢を混ぜ合わせた酢水に浸けて10分おく。

❷耐熱ボウルにⒶを入れて混ぜ、水気を切った❶を加えて上下を返す。ラップをして電子レンジ６００Ｗで２分加熱する。

❸耐熱ボウルに入れたまま常温まで冷まし、ふた付きの容器に移す。

❹器に酢ばすを盛り、赤唐辛子をのせる。

おわりに　彼（＝夫）は親友です

21歳のぴちぴちの女の子だった私は、米国に本社がある会社の入社試験を受けました。面接で会ったその会社の女性課長のように、いずれアメリカで働きたい……と、考えていました。そして、１９６３年12月にクリスマスパーティで出会った彼と、翌年の4月に結婚しました。

私は、結婚も就職もするつもりでした。内定済みの会社は4月から東京で6カ月間の研修があります。「会社は研修にウン百万円を投資する。子どもでもできて辞めることになったら、会社は大損」だと、彼は言います。「エイ、面倒！」と、入社前に辞退しました。

夫とデートしたとき、「お金がなさそうだな……」とは思いましたが、ふたを開けてみると、結納金はお仲人さんが立て替え、指輪は上司夫人が出入りの宝飾店のツケ。驚いて返しに上がりました。「わかりました。私も働きます」と、音楽教室のピアノの先生、英語、数学の家庭教師など、いろいろやりました。

夫に転勤の辞令が出るたびに子ども３人を連れて、結婚以来16回も引っ越ししました。私は50年、40年、30年、20年、10年前と、10年ごとに５回の大手術を経験。そのつど、ヨード禁忌や造影剤アレルギーなどが判明し、あわやというところから生還しました。「嘘偽りない健康体」と、言っていたのは誰でしょう。いくつになっても自立して生きる、が求められる風潮が生まれています。ところが、年を取れば体力も落ち、記憶力も低下します。世の中に優しく扱ってもらいたいと思います。

54年間、管理栄養士として栄養情報の移ろいを見てきました。それに合わせて自身の食生活を補正してきました。「きのうの誠はきょうの嘘」というくらい変わります。

悪玉コレステロールの塊のようにいわれた卵は２０１０年を境に、認知機能を上げるため、健康な人は一日２個の摂取が推奨されるようになりました。「ホームドクターが卵は一日おきに１個にしてください、とおっしゃいます」と話す生徒さんがいましたが、お医者さまがいつ医学部を卒業なさったかによりますね。

お医者さまに申し上げるわけにはいきませんが、あなたご自身で判断を。ちなみに、私は一日2個の卵を食べることにしています。

80歳の壁を超えたら頑張らなくてよい、と思います。あなたらしい健やかな人生のために、ムラカミが培ってきた「食べ力®」で、これはお伝えしたほうがいいかな、と考えたことをしたためました。「電子レンジのムラカミさん」ですが、本書はレンチンレシピだけではありません。鍋も使います。フライパンもありです。

ざっとご一読いただき、「こんなとき、どうしたらいいのかな?」と、ふと思ったときにページを開いていただければ、ありがたいと思います。

夫がまだ存命だったころのこと、西麻布のスタジオを18時30分に出発しました。残りの仕事はチーフの柿崎さんに任せて羽田から福岡へ飛び、夫が入院している病院へ直行します。スタジオから運んだカレー(私のカレーしか喉を通らなくなっていました)で夕飯。私は、彼の病院食を食べて食器を返却します。脇のベッドで寝て、早朝、自宅に戻り、福岡空港から飛ぶ。そして、西麻布で単行本の撮影をこなす。「傍《そば》にいてあげるのが人の道」と、主治医は言いました。けれど、彼は私が仕事を続けることを望んでいたと思うのです。

夫が仕事から一線を退くと同時に、私は「ちゃんと食べて、ちゃんと生きる」を伝えたいと、東京に飛び、仕事を始めました。以来、夫は20年にわたって陰になり日向になり、支えてくれました。思いやりと忍耐、努力する力を備えた人でした。彼が亡くなって残念！　という気持ちもありますが、最後まで看病できて安堵もしています。彼は今でも私の親友です。赤の他人だったのに不思議です。

私らしい、ひとりの生活も充実しています。福岡のスタジオも、生徒さんが一人ずつレッスンを受けられる仕様に改装しました。「ボケない食事。しかも、おいしい！」レンチン料理をはじめ、家庭料理を手渡しのように伝えていきたいと願っております。

私はしばらく「食べ力®」の先生を続けるつもりです。あなたの食卓の伴走者になれたら、とってもうれしいです。お元気でお過ごしください。

２０２４年１月　村上祥子

村上 祥子
Sachiko Murakami

料理研究家。管理栄養士。公立大学法人福岡女子大学客員教授。
1985年より、福岡女子大学で病態栄養指導講座を担当。治療食の開発で、油控えめでも1人分でも短時間でおいしく調理できる電子レンジに着目。以来、研鑽を重ね、電子レンジ調理の第一人者となる。糖尿病、生活習慣病予防改善のための栄養バランスのよい、カロリー控えめのレシピ、簡単にできる1人分レシピ、日本型食生活を子どものうちから身につけるための3歳児のミニシェフクラブ、保育所、幼稚園、小学校の食育出前授業など、あらゆるジャンルに電子レンジテクを活用。日本栄養士会主催の特別保健指導にも講師として参加する。
「ちゃんと食べてちゃんと生きる」をモットーに、日本国内はもとより、ヨーロッパ、アメリカ、中国、タイ、マレーシアなどでも、「食べ力®」をつけることへの提案と、実践的食育指導に情熱を注ぐ。自称、空飛ぶ料理研究家。電子レンジ発酵パンの開発者であり、バナナ黒酢の生みの親。食べることで体調がよくなる玉ねぎの機能性に着目。玉ねぎ氷®を開発し、注目を集めている。
2019年7月3日、テレビ朝日系「徹子の部屋」出演のきっかけになった『60歳からはラクしておいしい頑張らない台所』は、料理レシピ本大賞2020エッセイ賞を受賞。2022年8月20日、TBS系テレビ「サタデープラス」に出演。これまでに出版した単行本は574冊、出版部数は1264万部にのぼる。公立大学法人福岡女子大学にある「村上祥子料理研究資料文庫」の50万点の資料は、一般公開されている。

村上祥子の
ホームページ

村上祥子の
空飛ぶ食卓

メニューINDEX

装丁　石川直美（カメガイ デザイン オフィス）
本文デザイン・DTP　南 剛、中村美喜子、細谷直子（中曽根デザイン）
編集協力　矢島美奈子（天夢人）
撮影　江口 拓（カバー、P1、P6-15、P18-20、P182）
村上祥子（P16-17、P35、P40、P121-129、P136、P141、P143、P160）

頑張らない
80歳からのおひとりさまごはん

2024年1月30日　第１刷発行

著者　村上祥子
発行人　見城 徹
編集人　福島広司
編集者　鈴木恵美
発行所　株式会社 幻冬舎
〒151-0051
東京都渋谷区千駄ヶ谷4-9-7
電話　03(5411)6211(編集)
03(5411)6222(営業)
幻冬舎HP　https://www.gentosha.co.jp/
印刷・製本所　図書印刷株式会社

検印廃止

Printed in Japan
ISBN978-4-344-04221-6　C0095

この本に関するご意見・ご感想は、
下記アンケートフォームからお寄せください。
https://www.gentosha.co.jp/e/